本書の特色と使い方

ゆっくりていねいに、段階を追った学習ができます。
支援学級などでの個別指導にも最適です。

・問題量に配慮した、ゆったりとした紙面構成で、読み書きが苦手な子どもでも、ゆっくりていねいに段階を追って学習することができます。
・漢字が苦手な子どもでも学習意欲が減退しないように、問題文の全ての漢字にふりがなを記載しています。

光村図書国語教科書から抜粋した詩・物語・説明文教材、ことば・文法教材の問題を掲載しています。

・教科書掲載教材を使用して、授業の進度に合わせて予習・復習ができます。
・目次に 教科書 マークがついている単元は、教科書の本文が掲載されていません。教科書をよく読んで学習しましょう。

どの子も理解できるよう、文章読解を支援する工夫をしています。

・長い文章の読解問題の場合は、読みとりやすいように、問題文を二つなどに区切って、問題文と設問に1、2…と番号をつけ、短い文章から読みとれるよう配慮しました。
・読解のワークシートでは、設問の中で着目すべき言葉に傍線（サイドライン）を引いておきました。
・記述解答が必要な設問については、答えの一部をあらかじめ解答欄に記載しておきました。

学習意欲をはぐくむ工夫をしています。

・解答欄をできるだけ広々と書きやすいよう配慮しています。
・内容を理解するための説明イラストなども多数掲載しています。イラストは色塗りなども楽しめます。

ークシートの解答例について（お家の方や先生方へ）

本書の解答は、あくまでもひとつの「解答例」です。お子さまに取り組ませる前に、必ず指導される方が問題を解いてください。指導される方の作られた解答をもとに、お子さまの多様な考えに寄り添って〇つけをお願いします。

ゆっくり　ていねいに学べる

国語教科書支援ワーク

（光村図書の教材より抜粋）

もくじ　3－②

あおぞら

名前

● 次《つぎ》の詩《し》を二回《にかい》読《よ》んで、答《こた》えましょう。

あおぞら

㋐空《そら》がまぶしい、
このわたしの上《うえ》に。
あそこの牛《うし》の上《うえ》に。
あの山《やま》の上《うえ》で生《い》きている
一本松《いっぽんまつ》の上《うえ》に。
みんなおんなじに
青《あお》く青《あお》くすんで……。

※すんで（すんだ）…にごりやくもりがなく、
きれいな、すきとおった。

（令和二年度版　光村図書　国語三下　あおぞら　まど・みちお）

(1) ㋐空《そら》がまぶしいとありますが、「わたし」は、どこに広《ひろ》がるまぶしい空《そら》を見《み》ていますか。じゅんに、三《みっ》つ書《か》きましょう。
（ならっていない漢字《かんじ》は、ひらがなで書《か》きましょう。）

［　　　　］の上《うえ》に。

［　　　　］の上《うえ》に。

［　　　　］の上《うえ》に。

(2) 詩《し》に書《か》かれている空《そら》は、どんな様子《ようす》ですか。二《ふた》つに○をつけましょう。

（　）まぶしいくらい、晴《は》れた空《そら》。
（　）少《すこ》しくもった空《そら》。
（　）遠《とお》くまで、青《あお》くきれいに晴《は》れた空《そら》。

ちいちゃんのかげおくり　(1)

名前

● 次《つぎ》の文章《ぶんしょう》を二回《にかい》読《よ》んで、答《こた》えましょう。

1

「かげおくり」って遊《あそ》びを
ちいちゃんに教《おし》えてくれたのは、
お父《とう》さんでした。
出征《しゅっせい》する前《まえ》の日《ひ》、お父《とう》さんは、
ちいちゃん、お兄《にい》ちゃん、
お母《かあ》さんをつれて、先祖《せんぞ》の
はかまいりに行《い》きました。

※出征《しゅっせい》…へいたいになって、ぐんたいに入《はい》り、いくさ（せんそう）に行くこと。

2

㋐その帰《かえ》り道《みち》、青《あお》い空《そら》を見上《みあ》げた
お父《とう》さんが、つぶやきました。
「㋑かげおくりのよく
できそうな空《そら》だなあ。」
「えっ、かげおくり。」
と、お兄《にい》ちゃんが
きき返《かえ》しました。
「かげおくりって、なあに。」
と、ちいちゃんもたずねました。

（令和二年度版　光村図書　国語三下　あおぞら　あまん　きみこ）

1

(1) 「かげおくり」という遊《あそ》びをちいちゃんに教《おし》えてくれたのは、だれでしたか。

（　　　　）

(2) お父《とう》さんが、ちいちゃんたちをつれて、先祖《せんぞ》のはかまいりに行《い》ったのは、どんな日《ひ》でしたか。一《ひと》つに○をつけましょう。

（　）出征《しゅっせい》する前《まえ》の日《ひ》。
（　）出征《しゅっせい》する日《ひ》。
（　）出征《しゅっせい》して帰《かえ》って来《き》た日《ひ》。

2

(1) ㋐その帰《かえ》り道《みち》とは、何《なん》の帰《かえ》り道《みち》ですか。

（　　　　）

(2) ㋑かげおくりのよくできそうな空《そら》とは、どんな空《そら》のことですか。文章《ぶんしょう》の中《なか》から三文字《さんもじ》で書《か》き出《だ》しましょう。

ちいちゃんのかげおくり　(2)

名前

● 次《つぎ》の文章《ぶんしょう》を二回《にかい》読《よ》んで、答《こた》えましょう。

1

「かげおくりって、なあに。」
と、ちいちゃんがたずねました。

「十《とお》、数《かぞ》える間《あいだ》、かげぼうしを
じっと見《み》つめるのさ。十《とお》、と
言《い》ったら、空《そら》を見上《みあ》げる。
すると、かげぼうしがそっくり
空《そら》にうつって見《み》える。」
と、お父《とう》さんがせつめい
しました。

2

㋐「父《とう》さんや母《かあ》さんが子《こ》どもの
ときに、よく遊《あそ》んだものさ。」
㋑「ね。今《いま》、みんなでやって
みましょうよ。」
と、お母《かあ》さんが横《よこ》から言《い》いました。
ちいちゃんとお兄《にい》ちゃんを
中《なか》にして、四人《よにん》は手《て》を
つなぎました。そして、
みんなで、
かげぼうしに
㋒目《め》を落《お》としました。

（令和二年度版　光村図書　国語三下　あおぞら　あまん　きみこ）

1

(1) 「かげおくり」のやり方《かた》についてせつめいしたのは、だれですか。

［　　　　］

(2) 「かげおくり」のやり方《かた》のじゅんばんどおりになるように、1～3の番号《ばんごう》を書《か》きましょう。

（　）一《いち》から十《とお》まで数《かぞ》える間《あいだ》、かげぼうしをじっと見《み》つめる。

（　）空《そら》にかげぼうしがうつって見《み》える。

（　）空《そら》を見上《みあ》げる。

2

(1) ㋐㋑の言葉《ことば》は、だれが言《い》った言葉《ことば》ですか。

㋐［　　　　］

㋑［　　　　］

(2) 「㋒目《め》を落《お》とす」の意味《いみ》に合《あ》うものを一《ひと》つえらんで、○をつけましょう。

（　）じっと見《み》つめる。

（　）下《した》の方《ほう》を見《み》る。

（　）見上《みあ》げる。

ちいちゃんのかげおくり (3)

名前

● 次《つぎ》の文章《ぶんしょう》を二回《にかい》読《よ》んで、答《こた》えましょう。

1

〔かげおくりをしようと、手《て》をつないだ四人《よにん》は、かげぼうしに目《め》を落《お》とし、十《とお》まで数《かぞ》えています。〕

「とお。」

㋐目《め》の動《うご》きといっしょに、白《しろ》い四《よっ》つのかげぼうしが、すうっと空《そら》に上《あ》がりました。

「すごうい。」

と、お兄《にい》ちゃんが言《い》いました。

「すごうい。」

と、ちいちゃんも言《い》いました。

「㋑今日《きょう》の記念写真《きねんしゃしん》だなあ。」

と、お父《とう》さんが言《い》いました。

「大《おお》きな記念写真《きねんしゃしん》だこと。」

と、お母《かあ》さんが言《い》いました。

2

次《つぎ》の日《ひ》、お父《とう》さんは、白《しろ》いたすきをかたからななめにかけ、日《ひ》の丸《まる》のはたに送《おく》られて、列車《れっしゃ》に乗《の》りました。

「体《からだ》の弱《よわ》いお父《とう》さんまで、いくさに行《い》かなければならないなんて。」

お母《かあ》さんがぽつんと言《い》ったのが、ちいちゃんの耳《みみ》には聞《き》こえました。

（令和二年度版　光村図書　国語三下　あおぞら　あまん　きみこ）

1

(1) ㋐目《め》の動《うご》きといっしょにとありますが、十《とお》まで数《かぞ》えた後《あと》、四人《よにん》の目《め》は、どのように動《うご》きましたか。○をつけましょう。

（　）下《した》を向《む》いたままだった。

（　）下《した》から上《うえ》へ向《む》きをかえた。

(2) 目《め》の動《うご》きといっしょに、すうっと空《そら》に上《あ》がったのは、何《なん》でしたか。

〔　　　　〕

(3) ㋑今日《きょう》の記念写真《きねんしゃしん》とは、何《なん》のことですか。○をつけましょう。

（　）かげおくりがうまくできた記念《きねん》にとった写真《しゃしん》のこと。

（　）空《そら》にうつった、白《しろ》い四《よっ》つのかげぼうしのこと。

2

(1) 次《つぎ》の日《ひ》、お父《とう》さんは、何《なに》に乗《の》りましたか。

〔　　　　〕

(2) お父《とう》さんは、何《なん》のために列車《れっしゃ》に乗《の》ったのですか。

〔　　　　に行《い》くため。〕

ちいちゃんのかげおくり (4)

名前

● 次《つぎ》の文章《ぶんしょう》を二回《にかい》読《よ》んで、答《こた》えましょう。

1

　ちいちゃんとお兄《にい》ちゃんは、かげおくりをして遊《あそ》ぶようになりました。ばんざいをしたかげおくり。かた手《て》をあげたかげおくり。足《あし》を開《ひら》いたかげおくり。いろいろなかげを空《そら》に送《おく》りました。

2

［ア］、いくさがはげしくなって、㋑かげおくりなどできなくなりました。この町《まち》の空《そら》にも、しょういだんやばくだんをつんだひこうきが、とんでくるようになりました。そうです。広《ひろ》い空《そら》は、楽《たの》しい所《ところ》ではなく、とてもこわい所《ところ》にかわりました。

※しょういだん…たてものをやきはらうために作《つく》られたばくだん。

（令和二年度版　光村図書　国語三下　あおぞら　あまん　きみこ）

1

ちいちゃんとお兄《にい》ちゃんは、かげおくりで、どんなかげを空《そら》に送《おく》りましたか。三《みっ》つ書《か》きましょう。

［　　　　］かげ。

［　　　　］かげ。

［　　　　］かげ。

2

(1) ［ア］にあてはまる言葉《ことば》を一《ひと》つえらんで、○をつけましょう。

（　）だから

（　）けれど

（　）また

(2) ㋑かげおくりなどできなくなったのは、どうしてですか。○をつけましょう。

（　）いくさがはげしくなったから。

（　）かげおくりのやり方《かた》をわすれてしまったから。

(3) しょういだんやばくだんをつんだひこうきが、とんでくるようになって、広《ひろ》い空《そら》は、どんな所《ところ》にかわりましたか。

［　　　　］

ちいちゃんのかげおくり (5)

名前

● 次《つぎ》の文章《ぶんしょう》を二回《にかい》読《よ》んで、答《こた》えましょう。

1

夏《なつ》のはじめのある夜《よ》、
くうしゅうけいほうの
サイレンで、ちいちゃんたちは
目《め》がさめました。
「㋐さあ、急《いそ》いで。」
お母《かあ》さんの声《こえ》。
外《そと》に出《で》ると、もう、赤《あか》い火《ひ》が、
あちこちに上《あ》がっていました。

※くうしゅうけいほう……てきのひこうきによる
こうげきを知《し》らせる合図《あいず》。

2

お母《かあ》さんは、
ちいちゃんと
お兄《にい》ちゃんを
両手《りょうて》につないで、
走《はし》りました。
風《かぜ》の強《つよ》い日《ひ》でした。
「こっちに火《ひ》が回《まわ》るぞ。」
「川《かわ》の方《ほう》ににげるんだ。」
だれかがさけんでいます。

（令和二年度版　光村図書　国語三下　あおぞら　あまん　きみこ）

1

(1) ちいちゃんたちは、何《なん》の音《おと》で、目《め》がさめましたか。

(2) 「㋐さあ、急《いそ》いで。」とは、急《いそ》いで何《なに》をするのですか。一《ひと》つに○をつけましょう。

（　）かげおくりをする。
（　）火《ひ》をけす。
（　）外《そと》に出《で》て、にげる。

2

(1) お母《かあ》さんは、だれと手《て》をつないで走《はし》りましたか。二人《ふたり》書《か》きましょう。

(2) どんな日《ひ》のことでしたか。

ちいちゃんのかげおくり (6)

名前

● 次《つぎ》の文章《ぶんしょう》を二回《にかい》読《よ》んで、答《こた》えましょう。

1

（赤《あか》い火《ひ》があちこちに上《あ》がっている中《なか》で、お母《かあ》さんは、ちいちゃんとお兄《にい》ちゃんを両手《りょうて》につないで、走《はし》ってにげています。）

風《かぜ》があつくなってきました。ほのおのうずが追《お》いかけてきます。お母《かあ》さんは、ちいちゃんをだき上《あ》げて走《はし》りました。

2

㋐「お兄《にい》ちゃん、はぐれちゃだめよ。」

お兄《にい》ちゃんがころびました。足《あし》から血《ち》が出《で》ています。ひどいけがです。お母《かあ》さんは、お兄《にい》ちゃんをおんぶしました。

（令和二年度版　光村図書　国語三下　あおぞら　あまん　きみこ）

1

(1) ちいちゃんたちに、火《ひ》が近《ちか》づいてきたことが分《わ》かる文《ぶん》を、文章《ぶんしょう》の中《なか》から二《ふた》つ書《か》き出《だ》しましょう。

［　　　　］きました。

［　　　　］きます。

(2) 火《ひ》が近《ちか》づいてきて、お母《かあ》さんは、どのようにして走《はし》りましたか。

ちいちゃんを［　　　　］走《はし》った。

2

(1) ㋐の言葉《ことば》は、だれが言《い》った言葉《ことば》ですか。

［　　　　］

(2) お母《かあ》さんは、ひどいけがをしたお兄《にい》ちゃんをどのようにしましたか。○をつけましょう。

（　）だき上《あ》げた。

（　）おんぶした。

ちいちゃんのかげおくり　(7)

名前

● 次《つぎ》の文章《ぶんしょう》を二回《にかい》読《よ》んで、答《こた》えましょう。

1

（お兄《にい》ちゃんは、ころんでひどいけがをしました。お母《かあ》さんは、お兄《にい》ちゃんをおんぶしました。）

㋐「さあ、ちいちゃん、母《かあ》さんと
しっかり走《はし》るのよ。」
けれど、
たくさんの人《ひと》に
追《お》いぬかれたり、
ぶつかったり――、
ちいちゃんは、お母《かあ》さんと
㋑はぐれました。

2

㋒「お母《かあ》ちゃん、お母《かあ》ちゃん。」
ちいちゃんはさけびました。
そのとき、知《し》らない
おじさんが言《い》いました。
「お母《かあ》ちゃんは、後《あと》から
来《く》るよ。」
そのおじさんは、ちいちゃんを
だいて走《はし》ってくれました。

（令和二年度版　光村図書　国語三下　あおぞら　あまん　きみこ）

1

(1) ㋐の言葉《ことば》は、だれが言《い》った言葉《ことば》ですか。

［　　　　］

(2) 「㋑はぐれる」の意味《いみ》に合《あ》う方《ほう》に○をつけましょう。

（　）はなれて見《み》えなくなってしまう。

（　）ぴったりとくっついている。

2

(1) 「㋒お母《かあ》ちゃん、お母《かあ》ちゃん。」とさけんでいるときのちいちゃんは、どんな様子《ようす》だと考《かんが》えられますか。○をつけましょう。

（　）そばにいるお母《かあ》さんに、大《おお》きな声《こえ》で話《はな》しかける様子《ようす》。

（　）見《み》えなくなったお母《かあ》さんを、いっしょうけんめいさがす様子《ようす》。

(2) ちいちゃんをだいて走《はし》ってくれたのは、どんな人《ひと》ですか。

［　　　　］おじさん。

ちいちゃんのかげおくり (8)

名前

● 次《つぎ》の文章《ぶんしょう》を二回《にかい》読《よ》んで、答《こた》えましょう。

1

暗《くら》い橋《はし》の下《した》に、たくさんの
人《ひと》が集《あつ》まっていました。
㋐ちいちゃんの目《め》に、
お母《かあ》さんらしい人《ひと》が
見《み》えました。
「㋑お母《かあ》ちゃん。」
と、ちいちゃんがさけぶと、
おじさんは、
「見《み》つかったかい。よかった、
よかった。」
と下《お》ろしてくれました。

2

㋒　、その人《ひと》は、
お母《かあ》さんではありませんでした。
ちいちゃんは、
ひとりぼっちになりました。
ちいちゃんは、
たくさんの
人《ひと》たちの中《なか》で
ねむりました。

（令和二年度版　光村図書　国語三下　あおぞら　あまん　きみこ）

1

(1) どんな所《ところ》に、たくさんの人《ひと》が集《あつ》まっていましたか。

(2) ㋐ちいちゃんの目《め》に、何《なに》が見《み》えましたか。

(3) 「㋑お母《かあ》ちゃん。」とさけんだときのちいちゃんは、どんな様子《ようす》だと考《かんが》えられますか。○をつけましょう。

（　）お母《かあ》さんが見《み》つかったと思《おも》い、よびかけている。
（　）お母《かあ》さんがいなくて、ないている。

2

(1) ㋒にあてはまる言葉《ことば》に○をつけましょう。

（　）また
（　）でも

(2) 知《し》っている人《ひと》がだれもいないちいちゃんの様子《ようす》を表《あらわ》している言葉《ことば》を、文章《ぶんしょう》の中《なか》から六文字《ろくもじ》で答《こた》えましょう。

修飾語《しゅうしょくご》を使《つか》って書《か》こう
主語《しゅご》・述語《じゅつご》（ふくしゅう）(1)

名前

・だれは　おじいちゃんは　どうした　わらった。

・何《なに》が　かばんが　どんなだ　おもい。

・何《なに》は　ぶどうは　なんだ　くだものだ。

上《うえ》の文章《ぶんしょう》の
——線《せん》が　主語《しゅご》、
～～線《せん》が　述語《じゅつご》です。

● 次《つぎ》の文《ぶん》の、主語《しゅご》と述語《じゅつご》を書《か》きましょう。

① 船《ふね》は、ゆっくりと　すすむ。

主語《しゅご》（何《なに》は）

述語《じゅつご》（どうした）

② 声《こえ》が、とても　きれいだ。

主語《しゅご》（何《なに》が）

述語《じゅつご》（どんなだ）

③ お父《とう》さんは、中学校《ちゅうがっこう》の　先生《せんせい》だ。

主語《しゅご》（だれは）

述語《じゅつご》（なんだ）

修飾語《しゅうしょくご》を使《つか》って書《か》こう

主語《しゅご》・述語《じゅつご》（ふくしゅう）(2)

名前

● 次《つぎ》の文《ぶん》の主語《しゅご》と述語《じゅつご》を書《か》きましょう。

① わたしは、動物園《どうぶつえん》へ 行《い》きました。

主語《しゅご》（だれは）

述語《じゅつご》（どうした）

② 電車《でんしゃ》は、べんりな 乗《の》り物《もの》だ。

主語《しゅご》（何《なに》は）

述語《じゅつご》（なんだ）

③ 友《とも》だちが、午後三時《ごごさんじ》に 来《き》た。

主語《しゅご》（だれが）

述語《じゅつご》（どうした）

④ 妹《いもうと》の ぼうしは、小《ちい》さい。

主語《しゅご》（何《なに》は）

述語《じゅつご》（どんなだ）

⑤ きのう、ぼくたちは、遊《あそ》んだ。

主語《しゅご》（だれは）

述語《じゅつご》（どうした）

主語《しゅご》は、文《ぶん》の中《なか》で、「何《なに》が」「何《なに》は」「だれが」「だれは」に当《あ》たる言葉《ことば》
だから、「〇〇は」「〇〇が」という言葉《ことば》をさがしてみよう。
述語《じゅつご》は、「どうした(どうする)」「どんなだ」「なんだ」に当《あ》たる言葉《ことば》だよ。

修飾語《しゅうしょくご》を使《つか》って書《か》こう

主語《しゅご》・述語《じゅつご》（ふくしゅう）(3)

名前

● 次《つぎ》の文《ぶん》の主語《しゅご》を書《か》きましょう。

① 花《はな》が、たくさん さきました。

② 先生《せんせい》は、とても やさしい。

③ 小《ちい》さな 鳥《とり》が、鳴《な》く。

④ 夜空《よぞら》の 星《ほし》が、きらきら 光《ひか》る。

⑤ 学校《がっこう》で、運動会《うんどうかい》が あった。

⑥ きょうは、ぼくの 妹《いもうと》の たんじょう日《び》です。

⑦ きのう、わたしは、手紙《てがみ》を 書《か》いた。

⑧ 二時間目《にじかんめ》に 算数《さんすう》の テストが ありました。

主語《しゅご》とは、文《ぶん》の中《なか》で、「何《なに》が」「何《なに》は」「だれが」「だれは」に当《あ》たる言葉《ことば》です。

「が」や「は」のついている言葉《ことば》をさがしてみよう。

修飾語《しゅうしょくご》を使《つか》って書《か》こう

主語《しゅご》・述語《じゅつご》(ふくしゅう)(4)

名前

● 次《つぎ》の文《ぶん》の述語《じゅつご》を書《か》きましょう。

① さるが、かきを 食《た》べました。

② おじいちゃんは、とても 元気《げんき》だ。

③ 弟《おとうと》は、公園《こうえん》で 遊《あそ》んだ。

④ 妹《いもうと》は、まだ 五才《ごさい》です。

⑤ にわに 大《おお》きな 木《き》が ある。

⑥ お姉《ねえ》さんの かく 絵《え》は すばらしい。

⑦ きのう、わたしは、本《ほん》を 買《か》った。

⑧ 六本《ろっぽん》あしの てんとう虫《むし》は、こん虫《ちゅう》だ。

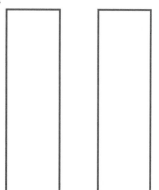

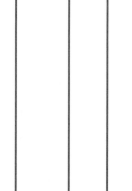

修飾語《しゅうしょくご》を使《つか》って書《か》こう

修飾語《しゅうしょくご》 (1)

名前

① 主語《しゅご》 ぞうが ／ 述語《じゅつご》 歩《ある》きます。

② (どんな) 大《おお》きな ぞうが 歩《ある》きます。

③ 大《おお》きな ぞうが (どのように) ゆっくりと 歩《ある》きます。

「どんな」や「どのように」のように、文《ぶん》の意味《いみ》をくわしくする言葉《ことば》を、修飾語《しゅうしょくご》といいます。①→②→③のように、主語《しゅご》や述語《じゅつご》に修飾語《しゅうしょくご》をつけ足《た》すことで、その様子《ようす》がだんだんと分《わ》かりやすい文《ぶん》になっています。

● 次《つぎ》の文《ぶん》の、主語《しゅご》、述語《じゅつご》、修飾語《しゅうしょくご》を書《か》きましょう。

① 花《はな》が、たくさん さいた。

主語《しゅご》 ［　　］

述語《じゅつご》 ［　　］

修飾語《しゅうしょくご》 (どのくらい) ［　　］

この文《ぶん》では、修飾語《しゅうしょくご》が、述語《じゅつご》の「さいた」に係《かか》って、述語《じゅつご》の意味《いみ》をくわしくしています。

② ぼくのかばんは、おもい。

主語《しゅご》 ［　　］

述語《じゅつご》 ［　　］

修飾語《しゅうしょくご》 (だれの) ［　　］

この文《ぶん》では、修飾語《しゅうしょくご》が、主語《しゅご》の「かばんは」に係《かか》って、主語《しゅご》の意味《いみ》をくわしくしています。

修飾語《しゅうしょくご》を使《つか》って書《か》こう

修飾語《しゅうしょくご》 (2)

名前

● 次《つぎ》の文《ぶん》の□に、主語《しゅご》の意味《いみ》をくわしくする修飾語《しゅうしょくご》を、□から
えらんで書《か》きましょう。

① 赤《あか》ちゃんが　ねむる。

（どんな）□ ← 赤《あか》ちゃんが　ねむる。

② 風船《ふうせん》が　とんで　いく。

（だれの）□ ← 風船《ふうせん》が　とんで　いく。

③ プールは、大《おお》きい。

（どこの）□ ← プールは、大《おお》きい。

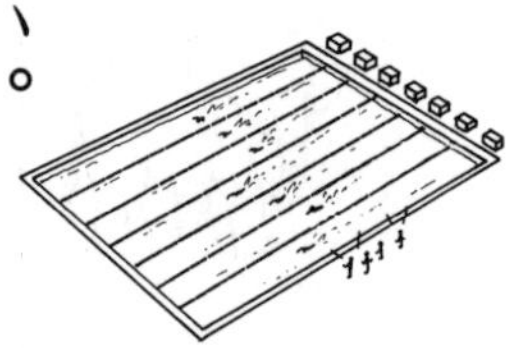

④ 夕食《ゆうしょく》は、カレーライスだった。

（いつの）□ ← 夕食《ゆうしょく》は、カレーライスだった。

・きのうの
・学校《がっこう》の
・かわいい
・弟《おとうと》の

修飾語《しゅうしょくご》を使《つか》って書《か》こう

修飾語《しゅうしょくご》 (3)

名前

● 次《つぎ》の文《ぶん》の□に、述語《じゅつご》の意味《いみ》をくわしくする修飾語《しゅうしょくご》を、□からえらんで書《か》きましょう。

① 星《ほし》が　光《ひか》る。

星《ほし》が　(どのように) □　光《ひか》る。

② わたしは、食《た》べる。

わたしは、(何《なに》を) □　食《た》べる。

③ ぼくたちは、会《あ》った。

ぼくたちは、(どこで) □　会《あ》った。

④ 魚《さかな》が　泳《およ》いで　いる。

魚《さかな》が　(どのくらい) □　泳《およ》いで　いる。

- 公園《こうえん》で
- きらきら
- いっぱい
- いちごを

修飾語《しゅうしょくご》を使《つか》って書《か》こう

修飾語《しゅうしょくご》 (4)

名前

● 次《つぎ》の文《ぶん》に修飾語《しゅうしょくご》をくわえて、文《ぶん》をくわしくします。□にあてはまる言葉《ことば》を□からえらんで書《か》きましょう。

① 花《はな》が、さきました。

⇨ (何《なん》の)□ 花《はな》が、(どのくらい)□ さきました。

・あした　・朝顔《あさがお》の　・たくさん

② 雨《あめ》が、ふった。

⇨ (いつ)□、雨《あめ》が、(どのように)□ ふった。

・学校《がっこう》で　・ザーザーと　・夕方《ゆうがた》

③ ぼくたちは、歩《ある》く。

⇨ ぼくたちは、(どこを)□ (どのように)□ 歩《ある》く。

・山道《やまみち》を　・いつも　・ゆっくりと

修飾語《しゅうしょくご》（5）

修飾語《しゅうしょくご》を使《つか》って書《か》こう

名前

● 次《つぎ》の文《ぶん》の修飾語《しゅうしょくご》について、問題《もんだい》に答《こた》えましょう。

(1) わたしたちは、川《かわ》で 遊《あそ》んだ。

① 「どこで」を表《あらわ》す修飾語《しゅうしょくご》を書《か》きましょう。

川で

② ①の修飾語《しゅうしょくご》は、どの言葉《ことば》に係《かか》っていますか。

遊んだ

(2) うさぎが、ぴょんと はねる。

① 「どのように」を表《あらわ》す修飾語《しゅうしょくご》を書《か》きましょう。

② ①の修飾語《しゅうしょくご》は、どの言葉《ことば》に係《かか》っていますか。

(3) きれいな 花《はな》が さいた。

① 「どのような」を表《あらわ》す修飾語《しゅうしょくご》を書《か》きましょう。

② ①の修飾語《しゅうしょくご》は、どの言葉《ことば》に係《かか》っていますか。

修飾語《しゅうしょくご》がどの言葉《ことば》に係《かか》ってくわしくしているのか、(1)のように、問題文《もんだいぶん》に↓をかいて考《かんが》えてみよう。

修飾語《しゅうしょくご》 (6)

修飾語《しゅうしょくご》を使《つか》って書《か》こう

名前

● 次《つぎ》の文《ぶん》の修飾語《しゅうしょくご》について、問題《もんだい》に答《こた》えましょう。

(1)

水《すい》そうに、 金魚《きんぎょ》が 三《さん》びき います。

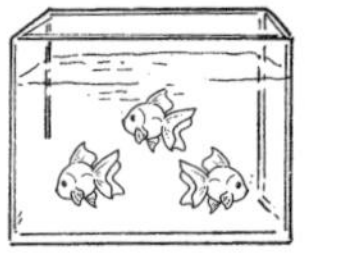

① 「どこに」を表《あらわ》す修飾語《しゅうしょくご》を書《か》きましょう。

② 「どのくらい」を表《あらわ》す修飾語《しゅうしょくご》を書《か》きましょう。

③ ①と②の修飾語《しゅうしょくご》は、どの言葉《ことば》に係《かか》っていますか。

(2)

工場《こうじょう》の けむりが もくもくと 上《あ》がる。

① 「どこの」を表《あらわ》す修飾語《しゅうしょくご》を書《か》きましょう。

② ①の修飾語《しゅうしょくご》は、どの言葉《ことば》に係《かか》っていますか。

③ 「どのように」を表《あらわ》す修飾語《しゅうしょくご》を書《か》きましょう。

④ ③の修飾語《しゅうしょくご》は、どの言葉《ことば》に係《かか》っていますか。

それぞれの修飾語《しゅうしょくご》が、どの言葉《ことば》に係《かか》ってくわしくしているのか、(1)のように、問題文《もんだいぶん》に↓をかいて考《かんが》えてみよう。

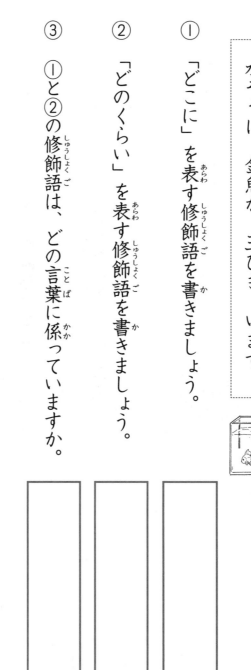

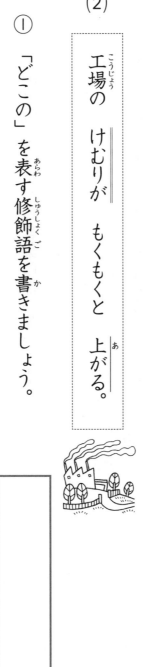

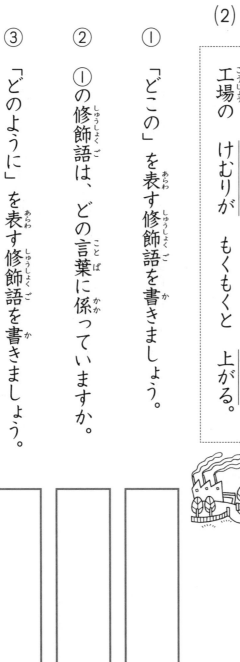

修飾語《しゅうしょくご》を使《つか》って書《か》こう

修飾語《しゅうしょくご》 (7)

名前

● 次《つぎ》の文《ぶん》で〜〜線《せん》を引《ひ》いた言葉《ことば》（修飾語《しゅうしょくご》）は、どの言葉《ことば》をくわしくしていますか。〈れい〉のように、言葉《ことば》に——線《せん》を引《ひ》き、矢《や》じるし（↓）をかきましょう。

〈れい〉　小《ちい》さい　花《はな》が　さいた。

① 青《あお》い　空《そら》が　きれいだ。

② ぼくたちは、校《こう》ていで　遊《あそ》んだ。

③ 赤《あか》ちゃんが　よちよちと　歩《ある》く。

④ お母《かあ》さんは、ようち園《えん》の　先生《せんせい》です。

⑤ となり町《まち》の　図書館《としょかん》は、大《おお》きい。

⑥ わたしは、りんごを　買《か》いました。

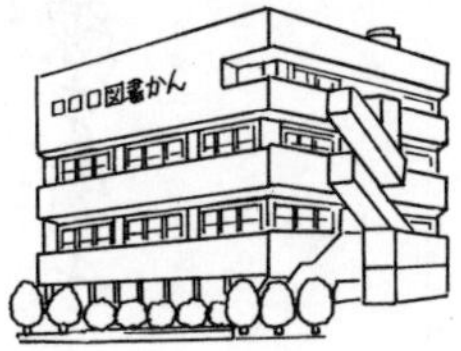

⑥の文《ぶん》では、「りんごを」どうしたのかを考《かんが》えてみよう。

修飾語《しゅうしょくご》を使《つか》って書《か》こう

修飾語《しゅうしょくご》 (8)

名前

● 次《つぎ》の文《ぶん》で〰線《せん》を引《ひ》いた言葉《ことば》(修飾語《しゅうしょくご》)は、どの言葉《ことば》をくわしくしていますか。〈れい〉のように、言葉《ことば》に――線《せん》を引《ひ》き、矢《や》じるし(↓)をかきましょう。

〈れい〉 ぼくは、ジュースを　ごくごくと　のんだ。

① お兄《にい》さんは、日曜日《にちようび》に、山《やま》に　登《のぼ》りました。

② 弟《おとうと》は、公園《こうえん》で　どんぐりを　拾《ひろ》った。

③ 白《しろ》い　ぼうしは、わたしの　お気《き》に入《い》りだ。

④ 魚《さかな》が　すいすいと　海《うみ》を　泳《およ》ぐ。

⑤ 大《おお》きな　雲《くも》が、空《そら》に　うかぶ。

⑥ きのう、ぼくは、えいがを　見《み》ました。

修飾語《しゅうしょくご》を使《つか》って書《か》こう

修飾語《しゅうしょくご》(9)

名前

● 次《つぎ》の文《ぶん》で〰〰線《せん》を引《ひ》いた二《ふた》つの言葉《ことば》(修飾語《しゅうしょくご》)は、それぞれどの言葉《ことば》をくわしくしていますか。〈れい〉のように、言葉《ことば》に——線《せん》を引《ひ》き、矢《や》じるし(↓)をかきましょう。

〈れい〉

㋐ かわいい　うさぎが、　えさを　食《た》べる。

㋑ わたしは、　妹《いもうと》に　おり紙《がみ》を　あげた。

㋑の文《ぶん》のように、一《ひと》つの同《おな》じ言葉《ことば》を、二《ふた》つの修飾語《しゅうしょくご》でくわしくしていることもあるよ。

① 二《に》ひきの　ちょうが、　ひらひらと　とぶ。

② ぼくの　お姉《ねえ》さんは、　友《とも》だちと　出《で》かけた。

③ トマトの　実《み》が　たくさん　とれました。

④ 算数《さんすう》の　テストは、　とても　むずかしかった。

⑤ ぼくは、　きょう、　えんぴつを　買《か》った。

⑥ おじいさんの　古《ふる》い　時計《とけい》が　こわれた。

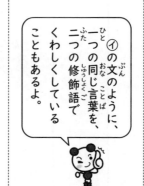

修飾語《しゅうしょくご》を使《つか》って書《か》こう

修飾語《しゅうしょくご》 (10)

名前

● 次《つぎ》の文《ぶん》に修飾語《しゅうしょくご》をくわえ、文《ぶん》をくわしくして書《か》きなおしましょう。

(1)

妹《いもうと》が、ないている。

① 「ぼくの」という言葉《ことば》を、くわえる。

ぼくの妹が、ないている。

② ①の文《ぶん》に「大《おお》きな声《こえ》で」という言葉《ことば》を、くわえる。

(2)

風《かぜ》が、ふく。

① 「さわやかな」という言葉《ことば》を、くわえる。

② ①の文《ぶん》に「草原《そうげん》に」という言葉《ことば》を、くわえる。

③ ②の文《ぶん》に「そよそよと」という言葉《ことば》を、くわえる。

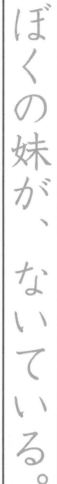

きせつの言葉《ことば》3

秋《あき》のくらし (1)

名前

● 次《つぎ》の歌《うた》を二回《にかい》読《よ》んで、答《こた》えましょう。

虫《むし》の声《こえ》

（文部省唱歌《もんぶしょうしょうか》）

あれ松虫《まつむし》が　鳴《な》いている
ちんちろ　ちんちろ　ちんちろりん
あれ鈴虫《すずむし》も　鳴《な》き出《だ》した
りんりんりんりん　りいんりん
秋《あき》の夜長《よなが》を　㋐鳴《な》き通《とお》す
ああおもしろい　虫《むし》の声《こえ》

※夜長《よなが》…夏《なつ》のころにくらべて、夜《よる》が長《なが》いこと。

（令和二年度版　光村図書　国語三下　あおぞら「秋のくらし」による）

(1) 松虫《まつむし》は、どんな鳴《な》き声《ごえ》で鳴《な》いていますか。歌《うた》の中《なか》から書《か》き出《だ》しましょう。

(2) 鈴虫《すずむし》は、どんな鳴《な》き声《ごえ》で鳴《な》き出《だ》しましたか。○をつけましょう。

（　）ちんちろ　ちんちろ　ちんちろりん
（　）りんりんりんりん　りいんりん

(3) ㋐鳴《な》き通《とお》すの意味《いみ》にあてはまる方《ほう》に、○をつけましょう。

（　）ずっと鳴《な》きつづけている。
（　）鳴《な》きながら、草《くさ》むらを通《とお》って行《い》く。

(4) 虫《むし》の声《こえ》を聞《き》いて、どんな気《き》もちですか。歌《うた》の中《なか》から七文字《ななもじ》で書《か》き出《だ》しましょう。

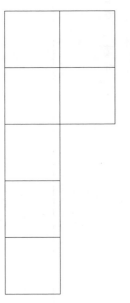

きせつの言葉《ことば》3

秋《あき》のくらし (2)

名前

秋《あき》とは、九月《くがつ》、十月《じゅうがつ》、十一月《じゅういちがつ》ごろのきせつです。

(1) 「○○の秋《あき》」という言《い》い方《かた》にあてはまるものを二《ふた》つえらんで、○をつけましょう。

( )しょくよくの秋《あき》　( )たねまきの秋《あき》

( )花見《はなみ》の秋《あき》　( )スポーツの秋《あき》

(2) 秋《あき》は、いろいろな食《た》べ物《もの》がゆたかに実《みの》り、「しゅうかくのきせつ」といわれます。秋《あき》を感《かん》じられる食《た》べ物《もの》を四《よっ》つえらんで、○をつけましょう。

( )さつまいも　( )かき

( )新米《しんまい》　( )すいか

( )たけのこ　( )くり

( )よもぎ　( )とうもろこし

(3) 秋《あき》にかんけいのある、次《つぎ》の言葉《ことば》の読《よ》みがなを( )に書《か》きましょう。また、言葉《ことば》にあてはまるせつめいを——線《せん》でむすびましょう。

① ( ) 夜長 ・　　・夏《なつ》にくらべて夜《よる》が長《なが》くなっていることや、そう感《かん》じられること。

② ( ) 月夜 ・　　・虫《むし》の鳴《な》き声《ごえ》のこと。

③ ( ) 虫の音 ・　　・月《つき》が明《あか》るくかがやく夜《よる》のこと。

はんで意見《いけん》をまとめよう (1)

名前

教科書《きょうかしょ》の「はんで意見《いけん》をまとめよう」を読《よ》んで、答《こた》えましょう。

(1) 次《つぎ》の、話《はな》し合《あ》いの役《やく》わりの中《なか》で、話《はな》し合《あ》いを進《すす》める人《ひと》のことを、何《なん》といいますか。一《ひと》つに○をつけましょう。

(　)司会《しかい》　(　)きろく係《がかり》　(　)時間《じかん》を計《はか》る係《かかり》

(2) 次《つぎ》の文《ぶん》は、「一年生《いちねんせい》に読《よ》み聞《き》かせをする絵本《えほん》」を決《き》める話《はな》し合《あ》いの一部《いちぶ》の文章《ぶんしょう》です。この文章《ぶんしょう》を読《よ》んで、答《こた》えましょう。

司会《しかい》

前《まえ》の時間《じかん》は、みんなで、読《よ》みたい本《ほん》を出《だ》し合《あ》いました。㋐今日《きょう》は、その中《なか》から一《いっ》さつを決《き》めます。話《はな》し合《あ》う時間《じかん》は二十分《にじゅっぷん》です。㋑高山《たかやま》さん、時間《じかん》を計《はか》ってください。読《よ》み聞《き》かせの目的《もくてき》は、「一年生《いちねんせい》が本《ほん》をすきになってくれるような、読《よ》み聞《き》かせをする。」です。時間《じかん》は五分《ごふん》なので、五分《ごふん》で読《よ》める本《ほん》から目的《もくてき》に合《あ》うものをえらびましょう。

（令和二年度版　光村図書　国語三下　あおぞら「はんで意見をまとめよう」による）

① ㋐今日《きょう》は、…決《き》めます。という司会《しかい》の言葉《ことば》は、どんな言葉《ことば》ですか。○をつけましょう。

(　)話《はな》し合《あ》いの目的《もくてき》をたしかめている。
(　)前《まえ》に出《で》た意見《いけん》を整理《せいり》している。

② 話《はな》し合《あ》う時間《じかん》は、何分《なんぷん》ですか。

③ ㋑高山《たかやま》さんは、話《はな》し合《あ》いの中《なか》で、どの役《やく》わりをしていますか。一《ひと》つに○をつけましょう。

(　)司会《しかい》
(　)きろく係《がかり》
(　)時間《じかん》を計《はか》る係《かかり》

はんで意見《いけん》をまとめよう　(2)

名前

教科書《きょうかしょ》の「はんで意見《いけん》をまとめよう」を読《よ》んで、答《こた》えましょう。

● 次《つぎ》の文《ぶん》は、「一年生《いちねんせい》に読《よ》み聞《き》かせをする絵本《えほん》」を決《き》める話《はな》し合《あ》いの一部《いちぶ》の文章《ぶんしょう》です。この文章《ぶんしょう》を読《よ》んで、答《こた》えましょう。

司会《しかい》　㋐ では、五分《ごふん》で読《よ》めるこの五《ご》さつのうち、どれがいいでしょうか。

高山《たかやま》　わたしは、「三《さん》びきのやぎのがらがらどん」がいいです。絵《え》にはくりょくがあって、大《だい》すきでした。

谷口《たにぐち》　わたしも大《だい》すきでした。ようち園《えん》でげきをして、やぎの役《やく》をしたことをおぼえています。

司会《しかい》　㋑ ちょっと待《ま》ってください。少《すこ》し話《はなし》がそれています。今《いま》は、聞《き》いて楽《たの》しい気持《きも》ちになるお話《はなし》かどうかを話《はな》し合《あ》いましょう。

森川《もりかわ》　㋒ ぼくは、「これはのみのぴこ」がいいと思《おも》います。少《すこ》しずつ言葉《ことば》がふえて文《ぶん》が長《なが》くなっていくお話《はなし》なので、音読《おんどく》のしかたをくふうすると、聞《き》いていて楽《たの》しいのではないでしょうか。

高山《たかやま》　「これはのみのぴこ」もおもしろいから、さんせいです。

（令和二年度版　光村図書　国語三下　あおぞら「はんで意見をまとめよう」による）

(1) ㋐の司会《しかい》の言葉《ことば》は、どんな言葉《ことば》ですか。○をつけましょう。

（　）発言《はつげん》するようにたずねて、意見《いけん》をもとめている。

（　）前《まえ》に出《で》た意見《いけん》を整理《せいり》している。

(2) ㋑の司会《しかい》の言葉《ことば》は、どんな言葉《ことば》ですか。○をつけましょう。

（　）決《き》まったことをたしかめている。

（　）話《はなし》がそれてきたので、話《はなし》を元《もと》にもどそうとしている。

(3) 森川《もりかわ》さんは、何《なん》という本《ほん》がいいと発言《はつげん》していますか。

「　　　　」

(4) ㋒の森川《もりかわ》さんの意見《いけん》にさんせいしているのは、だれですか。

「　　　　」さん

すがたをかえる大豆《だいず》 (1)

名前

● 次《つぎ》の文章《ぶんしょう》を二回《にかい》読《よ》んで、答《こた》えましょう。

1

大豆《だいず》は、ダイズという
植物《しょくぶつ》のたねです。
えだについたさやの中《なか》に、
二《ふた》つか三《みっ》つのたねが
入《はい》っています。
ダイズが
十分《じゅうぶん》に育《そだ》つと、
さやの中《なか》のたねは
かたくなります。
これが、
㋐わたしたちが
知《し》っている大豆《だいず》です。

2

かたい大豆《だいず》は、そのままでは
食《た》べにくく、消化《しょうか》もよく
ありません。そのため、
㋑昔《むかし》からいろいろ手《て》をくわえて、
おいしく食《た》べるくふうを
してきました。

（令和二年度版　光村図書　国語三下　あおぞら　国分《こくぶん》　牧衛《まきえ》）

1

(1) 大豆《だいず》は、何《なん》という植物《しょくぶつ》のたねですか。

(2) たねは、どこに入《はい》っていますか。

(3) ㋐わたしたちが知《し》っている大豆《だいず》とは、どんなものですか。

［　　］が十分《じゅうぶん》に育《そだ》って、
さやの中《なか》の［　　］が
［　　］なったもの。

2

㋑昔《むかし》からいろいろ手《て》をくわえて、おいしく食《た》べるくふうをしてきたのは、なぜですか。

かたい大豆《だいず》は、そのままでは
［　　］
から。

すがたをかえる大豆《だいず》 (2)

名前

● 次《つぎ》の文章《ぶんしょう》を二回《にかい》読《よ》んで、答《こた》えましょう。

1

〔わたしたちは、大豆《だいず》にいろいろ手《て》をくわえて、おいしく食《た》べるくふうをしてきました。〕

㋐いちばん分《わ》かりやすいのは、大豆《だいず》をその形《かたち》のままいったり、にたりして、やわらかく、おいしくするくふうです。

2

㋑いると、豆《まめ》まきに使《つか》う豆《まめ》になります。水《みず》につけてやわらかくしてから㋒にると、に豆《まめ》になります。

（令和二年度版　光村図書　国語三下　あおぞら　国分《こくぶん》　牧衛《まきえ》）

1 ㋐いちばん分《わ》かりやすいくふうでは、大豆《だいず》をどのようにして、おいしくしていますか。二《ふた》つに○をつけましょう。

（　）大豆《だいず》の形《かたち》のまま、いる。

（　）大豆《だいず》の形《かたち》のまま、にる。

（　）大豆《だいず》の形《かたち》をつぶして、にる。

2 (1) ㋑いる、㋒にるの意味《いみ》に合《あ》うものを——線《せん》でむすびましょう。

㋑いる・　　・にもののように、水《みず》といっしょになべに入《い》れて火《ひ》にかけ、やわらかくたくこと。

㋒にる・　　・フライパンなどに入《い》れて、そのまま火《ひ》にかけること。

(2) 大豆《だいず》をその形《かたち》のままいると、どんなときに使《つか》う豆《まめ》になりますか。

〔　　　　〕

(3) 大豆《だいず》を水《みず》につけてやわらかくしてからにると、何《なに》になりますか。

〔　　　　〕

すがたをかえる大豆《だいず》 (3)

名前

● 次《つぎ》の文章《ぶんしょう》を二回読《にかいよ》んで、答《こた》えましょう。

1

（かたい大豆《だいず》をおいしく食《た》べるくふうについて、せつめいしています。その一《ひと》つに、大豆《だいず》をその形《かたち》のまま、いったり、にたりして、やわらかく、おいしくして食《た》べるくふうがあります。）

正月《しょうがつ》のおせちりょうりに使《つか》われる黒豆《くろまめ》も、に豆《まめ》の一《ひと》つです。に豆《まめ》には、黒《くろ》、茶《ちゃ》、白《しろ》など、いろいろな色《いろ》の大豆《だいず》が使《つか》われます。

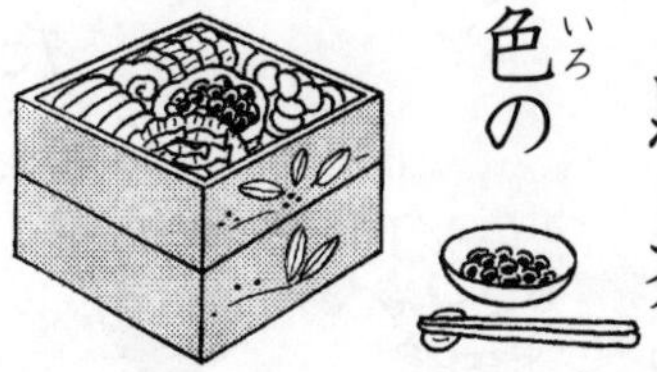

2

次《つぎ》に、こなにひいて食《た》べるくふうがあります。もちやだんごにかけるきなこは、大豆《だいず》をいって、こなにひいたものです。

※こなにひく…こなにする。

（令和二年度版　光村図書　国語三下　あおぞら　国分《こくぶん》　牧衛《まきえ》）

1

(1) に豆《まめ》の一《ひと》つとして、正月《しょうがつ》のおせちりょうりに使《つか》われる、何《なん》というりょうりをれいにあげていますか。

（　　　　）

(2) に豆《まめ》には、何色《なにいろ》の大豆《だいず》が使《つか》われますか。

（□、□、□など、いろいろな色《いろ》の大豆《だいず》。）

2

(1) 次《つぎ》に、大豆《だいず》をどんなふうにして食《た》べるくふうがありますか。

（□食《た》べるくふう。）

(2) 大豆《だいず》をいって、こなにひいたものは、何《なん》といいますか。一《ひと》つに○をつけましょう。

（　）もち

（　）だんご

（　）きなこ

すがたをかえる大豆《だいず》 (4)

名前

● 次《つぎ》の文章《ぶんしょう》を二回《にかい》読《よ》んで、答《こた》えましょう。

1

〔かたい大豆《だいず》をおいしく食《た》べる、いろいろなくふうについてせつめいしています。〕

また、大豆《だいず》にふくまれる大切《たいせつ》なえいようだけを取《と》り出《だ》して、ちがう食品《しょくひん》にするくふうもあります。

2

大豆《だいず》を一《ひと》ばん水《みず》にひたし、なめらかになるまですりつぶします。これに水《みず》をくわえて、かきまぜながら熱《ねっ》します。その後《あと》、ぬのを使《つか》って中身《なかみ》をしぼり出《だ》します。しぼり出《だ》したしるににがりというものをくわえると、かたまって、とうふになります。

（令和二年度版　光村図書　国語三下　あおぞら　国分《こくぶん》　牧衛《まきえ》）

1 大豆《だいず》をどんなふうにして、ちがう食品《しょくひん》にするくふうがありますか。

〔大豆《だいず》にふくまれる［　　　　］だけを取《と》り出《だ》す。〕

2

(1) 何《なん》という食品《しょくひん》の作《つく》り方《かた》について、せつめいしていますか。

〔　　　　〕

(2) 大豆《だいず》からとうふを作《つく》る、作《つく》り方《かた》のじゅんばんに、1〜4の番号《ばんごう》を書《か》きましょう。

（　）水《みず》をくわえて、かきまぜながら熱《ねっ》する。

（　）大豆《だいず》を一《ひと》ばん水《みず》にひたし、すりつぶす。

（　）しぼり出《だ》したしるににがりをくわえる。

（　）ぬのを使《つか》って、中身《なかみ》をしぼり出《だ》す。

全文読解《ぜんぶんどっかい》

すがたをかえる大豆《だいず》 (5)

名前《なまえ》

教科書《きょうかしょ》の「すがたをかえる大豆《だいず》」を読《よ》んで、答《こた》えましょう。

(1) 全体《ぜんたい》の文章《ぶんしょう》を、「はじめ」「中《なか》」「終《お》わり」の三《みっ》つに分《わ》けます。この三《みっ》つには、それぞれ、どんなことが書《か》かれていますか。——線《せん》でむすびましょう。

はじめ・	・大豆《だいず》の食《た》べ方《かた》がくふうされてきた理由《りゆう》、感想《かんそう》などで全体《ぜんたい》をまとめている。
中《なか》・	・大豆《だいず》の食《た》べ方《かた》のくふうについて、いくつかのれいをあげてせつめいしている。
終《お》わり・	・これからせつめいする話題《わだい》となる大豆《だいず》を、おおまかにしめしている。

(2) 次《つぎ》の表《ひょう》は、大豆《だいず》をおいしく食《た》べるくふうと、それぞれのれいとなる食品《しょくひん》について、段落《だんらく》ごとにまとめたものです。（　）にあてはまる食品名《しょくひんめい》を□からえらんで書《か》きましょう。

段落《だんらく》	おいしく食《た》べるくふう	れいとなる食品《しょくひん》
第三《だいさん》	大豆《だいず》をその形《かたち》のままいったり、にたりして、やわらかく、おいしくするくふう。	・豆《まめ》まきの　豆《まめ》 ・（　　　） 
第四《だいよん》	こなにひいて食《た》べるくふう。	（　　　） 
第五《だいご》	大豆《だいず》にふくまれる大切《たいせつ》なえいようだけを取《と》り出《だ》して、ちがう食品《しょくひん》にするくふう。	（　　　） 
第六《だいろく》	目《め》に見《み》えない小《ちい》さな生物《せいぶつ》の力《ちから》をかりて、ちがう食品《しょくひん》にするくふう。	・みそ、しょうゆ ・（　　　） 
第七《だいなな》	とり入《い》れる時期《じき》や育《そだ》て方《かた》をくふうした食《た》べ方《かた》。	・えだ豆《まめ》 ・（　　　） 

・とうふ
・もやし
・に豆《まめ》
・なっとう
・きなこ

じょうほう

科学《かがく》読《よ》み物《もの》での調《しら》べ方《かた》

名前

教科書《きょうかしょ》の「科学《かがく》読《よ》み物《もの》での調《しら》べ方《かた》」を読《よ》んで、答《こた》えましょう。

(1) 次《つぎ》の言葉《ことば》は、本《ほん》で調《しら》べるときによく使《つか》われる言葉《ことば》です。言葉《ことば》のせつめいにあてはまるものを――線《せん》でむすびましょう。

① 目次《もくじ》 •

② さくいん •

③ 奥付《おくづけ》 •

• 本《ほん》のおわりのほうで、本《ほん》の書名《しょめい》や作者《さくしゃ》・筆者名《ひっしゃめい》、発行年《はっこうねん》、出版社《しゅっぱんしゃ》などをしるしたもの。

• 本《ほん》のはじめにあって、見出《みだ》しがページじゅんにならべてあるもの。

• 本《ほん》の中《なか》にある言葉《ことば》や物事《ものごと》が、どのページにあるのかを、五十音《ごじゅうおん》（あいうえおじゅん）などでしめしてあるもの。

(2) 次《つぎ》の、本《ほん》の奥付《おくづけ》のれいを見《み》て、①〜④にあてはまるものを□からえらんで記号《きごう》で答《こた》えましょう。

●奥付《おくづけ》のれい

① どうぶつはかせになろう 4
海《うみ》の生《い》きもの

② 2022年《ねん》3月《がつ》 第《だい》1刷発行《ずりはっこう》

③ 著《ちょ》 者《しゃ》 山田《やまだ》 一郎《いちろう》

④ 発行所《はっこうしょ》 株式会社《かぶしきがいしゃ》○○社《しゃ》
〒000-0000
東京都《とうきょうと》○○区《く》○○－○○

① □ ② □ ③ □ ④ □

㋐ 作者《さくしゃ》・筆者名《ひっしゃめい》（書《か》いた人《ひと》の名前《なまえ》）

㋑ 出版社名《しゅっぱんしゃめい》（本《ほん》を作《つく》った会社《かいしゃ》の名前《なまえ》）

㋒ 発行年《はっこうねん》（本《ほん》を出《だ》した年《とし》）

㋓ 書名《しょめい》（本《ほん》の題名《だいめい》）

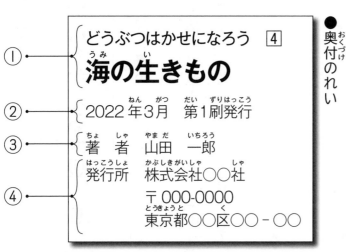

食《た》べ物《もの》のひみつを教《おし》えます (1)

名前

教科書《きょうかしょ》の「食《た》べ物《もの》のひみつを教《おし》えます」を読《よ》んで、答《こた》えましょう。

(1) すがたをかえて食品《しょくひん》になる「米《こめ》」について、せつめいする文章《ぶんしょう》を書《か》こうとしています。次《つぎ》の図《ず》は、「米《こめ》」について調《しら》べたことを、図《ず》で整理《せいり》したれいです。①～③にあてはまる言葉《ことば》を□からえらんで書《か》きましょう。

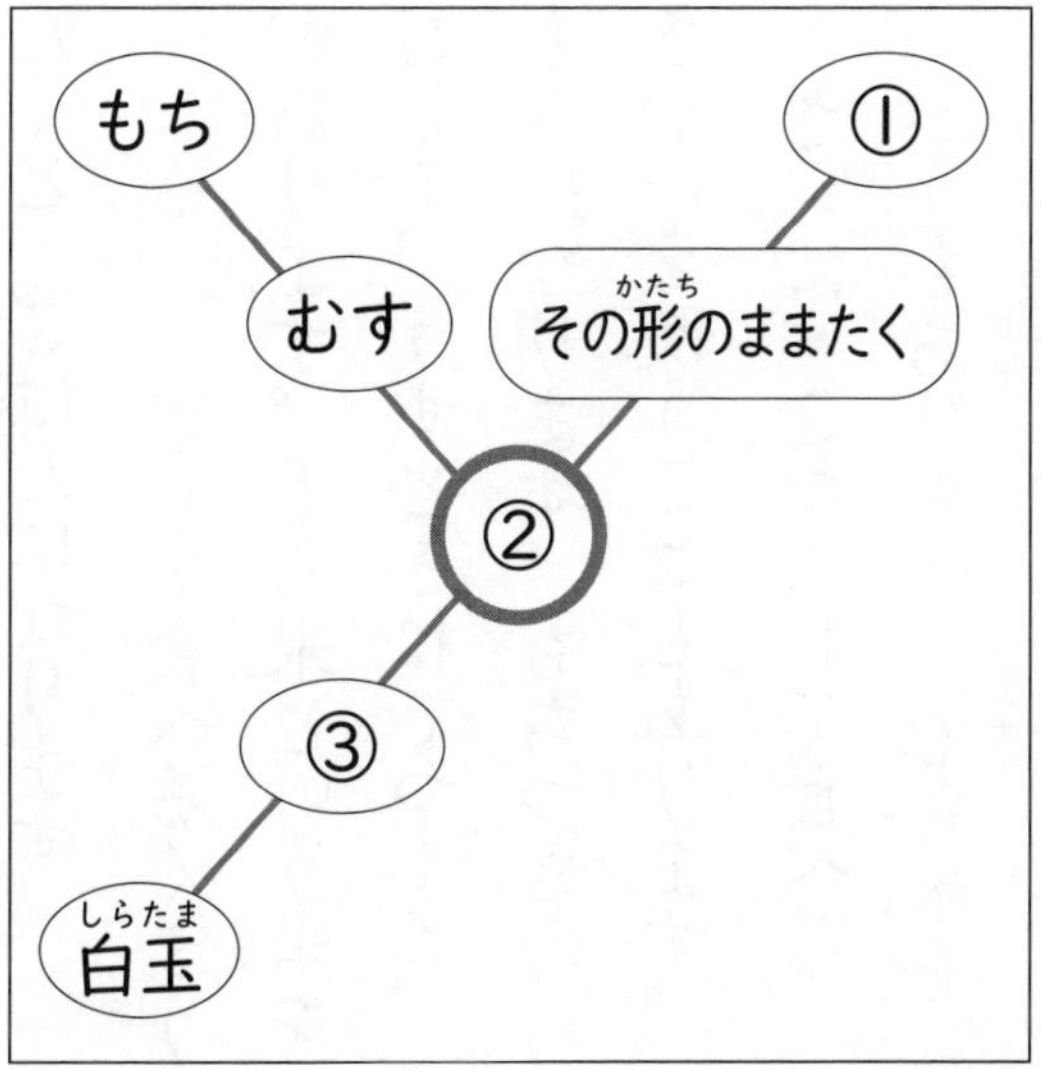

①（　　）
②（　　）
③（　　）

・米《こめ》　・ごはん　・こなにする

（令和二年度版　光村図書　国語三下　あおぞら「食べ物の　ひみつを　教えます」による）

(2) 次《つぎ》の表《ひょう》は、「米《こめ》」について調《しら》べたことを、(1)の図《ず》のかわりに、表《ひょう》で整理《せいり》したれいです。①～③にあてはまる言葉《ことば》を□からえらんで書《か》きましょう。

〈ざいりょう〉…米《こめ》

おいしく食《た》べるくふう	できる食品《しょくひん》
・その形《かたち》のままたく	②（　　）
・こなにする	③（　　）
・①（　　）	もち

・ごはん　・むす　・白玉《しらたま》

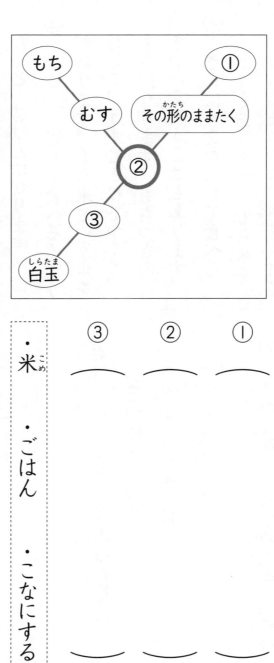

食《た》べ物《もの》のひみつを教《おし》えます (2)

名前

教科書《きょうかしょ》の「食《た》べ物《もの》のひみつを教《おし》えます」を読《よ》んで、答《こた》えましょう。

● 次《つぎ》の文章《ぶんしょう》を二回《にかい》読《よ》んで、答《こた》えましょう。

いろいろなすがたになる米《こめ》

上田《うえだ》　はると

① 米《こめ》には、いろいろな食《た》べ方《かた》のくふうがあります。

② まず、米《こめ》をその形《かたち》のままたいて食《た》べるくふうがあります。米《こめ》をといで、水《みず》につけてからたくと、ごはんになります。

③ ㋐、むして食《た》べるくふうがあります。もち米《ごめ》という米《こめ》をむして、うすときねでつくと、もちになります。もちつきのきかいを使《つか》うこともあります。

④ さらに、こなにして食《た》べるくふうもあります。もち米《ごめ》をこなにしたものに、水《みず》を入《い》れて練《ね》ります。それをゆでると、白玉《しらたま》になります。

⑤ ㋑、米《こめ》は、くふうされて、いろいろなすがたになって食《た》べられているのです。

（令和二年度版　光村図書　国語三下　あおぞら「食べ物のひみつを教えます」による）

(1) この文章《ぶんしょう》は、何《なに》についてせつめいした文章《ぶんしょう》ですか。○をつけましょう。

（　）おいしい米《こめ》の作《つく》り方《かた》のくふう。

（　）米《こめ》のいろいろな食《た》べ方《かた》のくふう。

(2) ㋐にあてはまる言葉《ことば》に、○をつけましょう。

（　）だから

（　）次《つぎ》に

(3) ㋑にあてはまる言葉《ことば》に、○をつけましょう。

（　）このように

（　）それから

(4) この文章《ぶんしょう》を、「はじめ」「中《なか》」「終《お》わり」の三《みっ》つに分《わ》けて、①〜⑤の段落番号《だんらくばんごう》を（　）に書《か》きましょう。

はじめ（　①　）段落《だんらく》

中《なか》（　　）段落《だんらく》

終《お》わり（　　）段落《だんらく》

ことわざ・故事成語《こじせいご》

ことわざ (1)

名前

「急《いそ》がば回《まわ》れ」や「時《とき》は金《かね》なり」など、むかしから言《い》いつたえられてきた、生《い》きていくうえでのちえや教《おし》えを、短《みじか》い言葉《ことば》や言《い》い回《まわ》しで表《あらわ》したものを「ことわざ」といいます。

「急《いそ》がば回《まわ》れ」…遠回《とおまわ》りに見《み》えてもあんぜんなほうほうをとったほうがよい、という意味《いみ》。

「時《とき》は金《かね》なり」…時間《じかん》はお金《かね》とおなじように大切《たいせつ》だから、むだにしてはいけない、という意味《いみ》。

● 次《つぎ》のことわざの意味《いみ》を、□からえらんで、記号《きごう》で答《こた》えましょう。

① わらう門《かど》には福《ふく》来《き》たる　□

② おびに短《みじか》し　たすきに長《なが》し　□

③ 所《ところ》かわれば　品《しな》かわる　□

㋐ 場所《ばしょ》がちがうと、言葉《ことば》やしゅうかんなどもちがうということ。

㋑ ちゅうとはんぱで、なんの役《やく》にも立《た》たないということ。

㋒ いつもにこにことくらしている人《ひと》のもとには、しぜんとよいことがやって来《く》るということ。

ことわざ・故事成語《こじせいご》

ことわざ (2)

名前

● 次《つぎ》のことわざの（　）にあてはまる動物《どうぶつ》を、□からえらんで書《か》きましょう。

① （　　）も歩《ある》けばぼうに当《あ》たる

【意味《いみ》】いろいろやっていると、思《おも》いがけない幸運《こううん》、またはさいなんにあうということ。

② （　　）も木《き》から落《お》ちる

【意味《いみ》】どんな上手《じょうず》な人《ひと》にもしっぱいはあるものだということ。

③ （　　）の手《て》もかりたい

【意味《いみ》】たいへんいそがしくて、手《て》つだいがほしいということ。

・ねこ　・犬《いぬ》　・さる

☆ 動物《どうぶつ》の名前《なまえ》が入《はい》ったことわざは、ほかに、つぎのようなものがあります。

ねこに小《こ》ばん

【意味《いみ》】どんなによいものでも、ねうちを知《し》らないものには、役《やく》に立《た》たないこと。

馬《うま》の耳《みみ》にねんぶつ

【意味《いみ》】いくら言《い》っても何《なん》のききめもないこと。

※「ねんぶつ」とは、ほとけの名《な》をとなえながらいのること。馬《うま》にありがたいねんぶつを聞《き》かせてもむだだということ。

ことわざ・故事成語《こじせいご》

ことわざ (3)

名前

(1) 次《つぎ》のことわざの意味《いみ》を、□からえらんで、記号《きごう》で答《こた》えましょう。

① わかいときの苦労《くろう》は買《か》ってもせよ　□

② 善《ぜん》は急《いそ》げ　□

㋐ よいことだと思《おも》ったら、すぐに実行《じっこう》しなさいということ。

㋑ 自分《じぶん》が成長《せいちょう》するためには、自分《じぶん》からすすんでたいへんな思《おも》いをしたほうがよいということ。

「善《ぜん》」とは、「よい、正《ただ》しい」という意味《いみ》だよ。

(2) 次《つぎ》の①〜③がことわざになるように、（　）にあてはまる言葉《ことば》を□からえらんで書《か》きましょう。また、そのことわざの意味《いみ》を――線《せん》でむすびましょう。

①（　　　）もつもれば山《やま》となる・

②（　　　）をたたいてわたる・

③（　　　）に金《かな》ぼう・

・ちり　・おに　・石橋《いしばし》

・強《つよ》いものが、もっと強《つよ》くなること。

・どんなに小《ちい》さなものでも、つみかさなると大《おお》きなものとなるということ。

・用心深《ようじんぶか》く物事《ものごと》を行《おこな》うこと。

ことわざ・故事成語《こじせいご》

ことわざ (4)

名前

(1) 次《つぎ》のことわざについて、答《こた》えましょう。

さるも木《き》から落《お》ちる

① このことわざの意味《いみ》をえらんで、○をつけましょう。

（　）ちゅうとはんぱで、なんの役《やく》にも立《た》たないこと。

（　）どんな上手《じょうず》な人《ひと》にもしっぱいはあるものだということ。

② このことわざとにた意味《いみ》のことわざに○をつけましょう。

（　）かっぱの川流《かわなが》れ

（　）犬《いぬ》も歩《ある》けばぼうに当《あ》たる

(2) 次《つぎ》のことわざについて、答《こた》えましょう。

ねこに小《こ》ばん

① このことわざの意味《いみ》をえらんで、○をつけましょう。

（　）よいことだと思《おも》ったら、すぐに実行《じっこう》しなさいということ。

（　）どんなによいものでも、ねうちを知《し》らないものには、役《やく》に立《た》たないこと。

② このことわざとにた意味《いみ》のことわざに○をつけましょう。

（　）ねこの手《て》もかりたい

（　）ぶたにしんじゅ

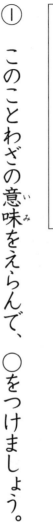

ことわざ・故事成語《こじせいご》

ことわざ (5)

名前

(1) 次《つぎ》の文《ぶん》で、――線《せん》のことわざの使《つか》い方《かた》が正《ただ》しいほうに、○をつけましょう。

(　)バスだと道《みち》がじゅうたいするかもしれない。善《ぜん》は急《いそ》げで、歩《ある》いていこう。

(　)おかあさんの手《て》つだいをがんばると決《き》めたなら、善《ぜん》は急《いそ》げで、すぐにはじめたほうがいい。

(2) 次《つぎ》の文《ぶん》で、(　)にあてはまることわざを□からえらんで書《か》きましょう。(ならっていない漢字《かんじ》は、ひらがなで書《か》きましょう。)

① となりのおうちは、いつも明《あか》るくてしあわせそうだ。まさに(　　　　)だね。

② ぼうっとしてばかりいないで、べんきょうしよう。(　　　　)というから。

③ 姉《あね》は、(　　　　)
用心深《ようじんぶか》いせいかくなので、りょうりをする前《まえ》に、ざいりょうを何度《なんど》もたしかめている。

・時《とき》は金《かね》なり
・石橋《いしばし》をたたいてわたる
・わらう門《かど》には福来《ふくき》たる

故事成語《こじせいご》(1)

名前

(1) 次《つぎ》の文《ぶん》は、故事成語《こじせいご》をせつめいしているものです。（　）の中《なか》の、正《ただ》しい方《ほう》を○でかこみましょう。

故事成語《こじせいご》は、ことわざににた（長《なが》い・短《みじか》い）言葉《ことば》で、（中国《ちゅうごく》・日本《にほん》）につたわる（古《ふる》い・新《あたら》しい）出来事《できごと》や物語《ものがたり》が元《もと》になってできた言葉《ことば》です。

(2) 次《つぎ》の、「五十歩百歩《ごじっぽひゃっぽ》」という故事成語《こじせいご》の由来《ゆらい》を読《よ》んで、問《と》いに答《こた》えましょう。

〈「五十歩百歩《ごじっぽひゃっぽ》」の由来《ゆらい》〉

昔《むかし》、中国《ちゅうごく》の孟子《もうし》という人物《じんぶつ》が、ある王様《おうさま》に、「たたかいのとき、にげ出《だ》したものがいた。このとき五十歩《ごじっぽ》にげたものが、百歩《ひゃっぽ》にげたものを弱虫《よわむし》だとわらったが、どちらもにげたことにかわりない。」と言《い》った。

※由来《ゆらい》…どのようにしてできた言葉《ことば》なのか、その起《お》こり。

① 「五十歩百歩《ごじっぽひゃっぽ》」の意味《いみ》にあてはまる方《ほう》に○をつけましょう。

（　）話《はなし》のつじつまが合《あ》わないこと。

（　）多少《たしょう》のちがいはあるものの、大《おお》きなちがいはないこと。

② 次《つぎ》の文《ぶん》で、故事成語《こじせいご》の使《つか》い方《かた》が正《ただ》しい方《ほう》に○をつけましょう。

（　）ぼくの家《いえ》から公園《こうえん》までは、歩《ある》いて五十歩百歩《ごじっぽひゃっぽ》です。

（　）ぼくと姉《あね》の、絵《え》をかくうでまえは五十歩百歩《ごじっぽひゃっぽ》だ。

故事成語《こじせいご》 (2)

名前

● 次《つぎ》の故事成語《こじせいご》の意味《いみ》を［　］からえらんで（　）に記号《きごう》で答《こた》えましょう。

故事成語《こじせいご》	言葉《ことば》の由来《ゆらい》（どのようにしてできた言葉《ことば》なのか）	意味《いみ》
矛盾《むじゅん》	昔《むかし》、中国《ちゅうごく》で、矛《ほこ》（やりのようなぶき）と、盾《たて》（身《み》を守《まも》るためのぶき）を売《う》る人《ひと》がいた。そして、「この『矛《ほこ》』は何《なん》でもつき通《とお》せる」と言《い》って矛《ほこ》を売《う》り、「この『盾《たて》』はどんなぶきもつき通《とお》せない」と言《い》って盾《たて》を売《う》っていた。そこで、ある人《ひと》が「その『矛《ほこ》』でその『盾《たて》』をついたらどうなるのか」とたずねたところ、矛《ほこ》と盾《たて》を売《う》っていた人《ひと》は、へんじができなかったという。	（　）
漁夫《ぎょふ》の利《り》	はまぐりがからを開《あ》けてひなたぼっこをしていたところ、シギという鳥《とり》がはまぐりの肉《にく》を食《た》べようとした。シギとはまぐりがともにあらそっていると、通《とお》りかかった漁師《りょうし》が、両方《りょうほう》ともつかまえてしまった。 	（　）

㋐ とくをしようと二人《ふたり》があらそっているすきに、ほかの人《ひと》がその利《り》えきを苦労《くろう》することなく横取《よこど》りすること。

㋑ 話《はなし》のつじつま（物事《ものごと》のすじみちや正《ただ》しいじゅんばん）が合《あ》わないこと。

ことわざ・故事成語《こじせいご》

故事成語《こじせいご》 (3)

名前

(1) 次《つぎ》の故事成語《こじせいご》の意味《いみ》を［　］からえらんで（　）に記号《きごう》で答《こた》えましょう。

故事成語《こじせいご》	言葉《ことば》の由来《ゆらい》（どのようにしてできた言葉《ことば》なのか）	意味《いみ》
蛇足《だそく》	だれが蛇《へび》の絵《え》をいちばんはやくかけるか、きょうそうした。先《さき》にかきあげた人《ひと》が、他《ほか》の人《ひと》がまだかいているのを見《み》て、調子《ちょうし》に乗《の》って、あまった時間《じかん》で蛇《へび》に足《あし》をかき足《た》した。すると、「蛇《へび》に足《あし》はない。」と言《い》われて負《ま》けてしまった。	（　）
蛍雪《けいせつ》の功《こう》	まずしくて、明《あ》かりをつけるための油《あぶら》を買《か》えない人《ひと》が、夏《なつ》には蛍《ほたる》を集《あつ》めて、その光《ひかり》で本《ほん》を読《よ》んだ。同《おな》じようにべつのまずしい人《ひと》は、冬《ふゆ》に雪明《ゆきあ》かりで本《ほん》を読《よ》んだ。後《のち》に、どちらの人《ひと》もりっぱな地位《ちい》についた。	（　）

（令和二年度版　光村図書　国語三下　あおぞら「知ると楽しい『故事成語』」による）

㋐ 苦労《くろう》して学問《がくもん》にはげむこと。また、そのせいか。

㋑ ひつようのないものをくわえることで、全体《ぜんたい》をだめにしてしまうこと。よけいなつけ足《た》し。

(2) 次《つぎ》の文《ぶん》で、――線《せん》の故事成語《こじせいご》の使《つか》い方《かた》が正《ただ》しいほうに○をつけましょう。

（　）文章《ぶんしょう》の後半《こうはん》は蛇足《だそく》だったから、思《おも》いきって消《け》してしまった。

（　）作品《さくひん》には蛇足《だそく》があって、すばらしいできだね。

漢字《かんじ》の意味《いみ》 (1)

名前

(1) 絵《え》を見《み》て、——線《せん》の言葉《ことば》にあてはまる漢字《かんじ》を□に書《か》きましょう。

① はがきれいです。

㋐  □

㋑  □

② わたしは、ひに当《あ》たりました。

㋐  □

㋑  □

③ 母《はは》は、人形《にんぎょう》にはなをつけてくれました。

㋐  □

㋑  □

(2) 次《つぎ》の文《ぶん》の意味《いみ》が分《わ》かるように、——線《せん》の部分《ぶぶん》のところを、□に漢字《かんじ》、□にひらがなを入《い》れて書《か》きなおしましょう。

① はははははじょうぶだ。

［母］［は］［　］［　］じょうぶだ。

② にわにはにわにわとりがいる。

［　］［　］［　］［　］［　］にわとりがいる。

漢字《かんじ》の意味《いみ》 (2)

名前

● 次《つぎ》の文《ぶん》の意味《いみ》が絵《え》に合《あ》うように、——線《せん》の部分《ぶぶん》のところを、□・に漢字《かんじ》、□にひらがなを入《い》れて書《か》きなおしましょう。

① このふたつかいます。

㋐

この ふ た 使・ い ます。

㋑

この □・ □ □・ □ ます。

② いえのうらにはたけがある。

㋐

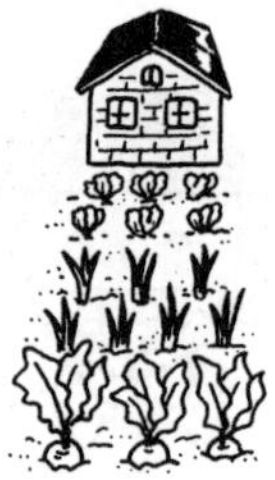

□・ □ □ □ □ □・ がある。

㋑

□・ □ □ □ □ □ □・ がある。

漢字《かんじ》の意味《いみ》 (3)

名前

● 次《つぎ》の文《ぶん》に合《あ》う漢字《かんじ》を（　）からえらんで□に書《か》きましょう。

① カイ（回・階）

㋐ わたしたちの教室《きょうしつ》は、二《に》□にある。

㋑ 友《とも》だちの家《いえ》のドアを二《に》□ノックした。

② カジ（火事・家事）

㋐ せんたくも、そうじも□□の一《ひと》つだ。

㋑ □□にそなえて、ひなんくんれんをした。

③ キシャ（記者・汽車）

㋐ ぼくの母《はは》は、新聞《しんぶん》□□だ。

㋑ □□は、けむりをたくさんはいて走《はし》る。

漢字《かんじ》の意味《いみ》 (4)

名前

● 次《つぎ》の文《ぶん》に合《あ》う言葉《ことば》を（　）からえらんで□に書《か》きましょう。

① あける（開ける・明ける）

㋐ ぼくは、部屋《へや》のまどを□□□。

㋑ 夜《よ》が□□□。

② カイジョウ（海上・会場）

㋐ 本日《ほんじつ》のしあい□□は、こちらです。

㋑ くじらが□□にうかび上《あ》がってきた。

③ キュウコウ（休校・急行）

㋐ わたしたちは、□□電車《でんしゃ》に乗《の》った。

㋑ 姉《あね》は、中学校《ちゅうがっこう》がりんじ□□のため、一日中《いちにちじゅう》、家《いえ》にいた。

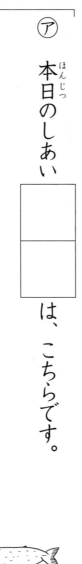

短歌《たんか》を楽《たの》しもう (1)

名前

(1) 次《つぎ》の文章《ぶんしょう》は、短歌《たんか》についてせつめいしたものです。〔　〕の中《なか》の正《ただ》しい方《ほう》に○をつけましょう。

短歌《たんか》は、〔（　）五《ご》・七《しち》・五《ご》・七《しち》・七《しち》／（　）五《ご》・七《しち》・五《ご》〕の三十一音《さんじゅういちおん》で作《つく》られた短《みじか》い詩《し》です。

短歌《たんか》は、一首《いっしゅ》、二首《にしゅ》…というように、〔（　）「句《く》」／（　）「首《しゅ》」〕を使《つか》って数《かぞ》えます。

短歌《たんか》の三十一音《さんじゅういちおん》の中《なか》には、しぜんの様子《ようす》や、そこから感《かん》じられること、心《こころ》に思《おも》うことなどが表《あらわ》されています。

(2) 次《つぎ》の短歌《たんか》や文章《ぶんしょう》を読《よ》んで、答《こた》えましょう。

㋐むしのねも　のこりすくなに　なりにけり
よなよなかぜの　さむくしなれば
良寛《りょうかん》

虫《むし》の鳴《な》き声《ごえ》もあまり聞《き》こえなくなってきたなあ。
㋑夜《よ》ごとにふく風《かぜ》が寒《さむ》くなるので。

（令和二年度版　光村図書　国語三下　あおぞら「短歌を楽しもう」による）

① 上《うえ》の短歌《たんか》で表《あらわ》したきせつは、いつですか。春《はる》・夏《なつ》・秋《あき》・冬《ふゆ》のうち、一《ひと》つをえらんで□に書《か》きましょう。

〔　□　の終《お》わり。〕

② ㋐むしのねとは、どんな意味《いみ》を表《あらわ》していますか。○をつけましょう。

（　）虫《むし》の鳴《な》き声《ごえ》。
（　）ふく風《かぜ》。

③ ㋑夜《よ》ごとにとは、どんな意味《いみ》を表《あらわ》していますか。○をつけましょう。

（　）夜《よる》ではないとき。
（　）夜《よる》がくるたび。

短歌《たんか》を楽《たの》しもう (2)

名前

● 次《つぎ》の短歌《たんか》や文章《ぶんしょう》を読《よ》んで、答《こた》えましょう。

ⓐ 秋来《あきき》ぬと目《め》にはさやかに見《み》えねども風《かぜ》の音《おと》にぞおどろかれぬる

藤原《ふじわらの》 敏行《としゆき》

秋《あき》が来《き》たと、目《め》に見《み》えてはっきりとは
分《わ》からなかったけれども、風《かぜ》の音《おと》が秋《あき》らしくて、はっとしたよ。

ⓘ 奥山《おくやま》に紅葉《もみじ》踏《ふ》み分《わ》け鳴《な》く鹿《しか》の声《こえ》聞《き》く時《とき》ぞ秋《あき》は悲《かな》しき

猿丸大夫《さるまるだゆう》

奥深《おくぶか》い山《やま》で紅葉《もみじ》を踏《ふ》み分《わ》けながら鳴《な》いている
鹿《しか》の声《こえ》を聞《き》くときこそ、秋《あき》の悲《かな》しさを感《かん》じるものだなあ。

（令和二年度版　光村図書　国語三下　あおぞら「短歌を楽しもう」による）

(1) ⓐⓘの短歌《たんか》を、五《ご》・七《しち》・五《ご》・七《しち》・七《しち》の音《おと》に分《わ》けます。それぞれ四《よん》カ所《しょ》に／線《せん》を書《か》き入《い》れましょう。

ⓐ 秋来《あきき》ぬと／目《め》にはさやかに／見《み》えねども／風《かぜ》の音《おと》にぞ／おどろかれぬる

ⓘ 奥山《おくやま》に紅葉《もみじ》踏《ふ》み分《わ》け鳴《な》く鹿《しか》の声《こえ》聞《き》く時《とき》ぞ秋《あき》は悲《かな》しき

(2) ⓐの短歌《たんか》で、作者《さくしゃ》はどんなものを秋《あき》らしく感《かん》じて、はっとしましたか。短歌《たんか》の中《なか》から三文字《さんもじ》で言葉《ことば》を書《か》き出《だ》しましょう。

(3) ⓘの短歌《たんか》で、作者《さくしゃ》は何《なに》を聞《き》いて秋《あき》の悲《かな》しさを感《かん》じていますか。一《ひと》つに○をつけましょう。

（　）紅葉《もみじ》をふむ音《おと》。
（　）鹿《しか》の声《こえ》。
（　）風《かぜ》の音《おと》。

三年《さんねん》とうげ　(1)

名前

● 次《つぎ》の文章《ぶんしょう》を二回《にかい》読《よ》んで、答《こた》えましょう。

1

〔あるところに、三年《さんねん》とうげとよばれるとうげがありました。この三年《さんねん》とうげで転《ころ》ぶと、三年《さんねん》しか生《い》きられないという言《い》いつたえがありました。〕

ある秋《あき》の日《ひ》のことでした。
一人《ひとり》のおじいさんが、となり村《むら》へ、
反物《たんもの》を売《う》りに行《い》きました。

※反物《たんもの》…着物《きもの》を作《つく》るための ぬの。

2

そして、帰《かえ》り道《みち》、三年《さんねん》とうげに
さしかかりました。
白《しろ》いすすきの光《ひか》るころでした。
おじいさんは、こしを下《お》ろして
㋐ひと息入《いきい》れながら、
美《うつく》しいながめに
うっとりしていました。

（令和二年度版　光村図書　国語三下　あおぞら　李《リ》錦玉《クムオギ》）

1

おじいさんは、どこへ、何《なに》をしに行《い》きましたか。

・どこ（へ）

・何《なに》をしに行《い》った

［　　　］に行《い》った。

2

(1) 秋《あき》のきせつの、しぜんの様子《ようす》が分《わ》かる一文《いちぶん》を、文章《ぶんしょう》の中《なか》から書《か》き出《だ》しましょう。

(2) ㋐「ひと息入《いきい》れる」とは、どんな意味《いみ》ですか。○をつけましょう。

（　）一回《いっかい》、しんこきゅうする。

（　）ひと休《やす》みする。

(3) おじいさんは、何《なに》にうっとりしていましたか。

三《さん》年《ねん》とうげ (2)

名前

● 次《つぎ》の文章《ぶんしょう》を二回《にかい》読《よ》んで、答《こた》えましょう。

1

（となり村《むら》からの帰《かえ》り道《みち》、おじいさんは、三年《さんねん》とうげで美《うつく》しいながめを見《み》てうっとりしていました。）

しばらくして、
「こうしちゃおれぬ。
　日《ひ》がくれる。」
おじいさんは、あわてて
立《た》ち上《あ》がると、
「三年《さんねん》とうげで　転《ころ》ぶでないぞ。
三年《さんねん》とうげで　転《ころ》んだならば、
三年《さんねん》きりしか　生《い》きられぬ。」
と、足《あし》を急《いそ》がせました。

※生《い》きられぬ…生《い》きられない。

2

㋐お日様《ひさま》が西《にし》にかたむき、
夕《ゆう》やけ空《ぞら》がだんだん
暗《くら》くなりました。

（令和二年度版　光村図書　国語三下　あおぞら　李錦玉《リクムオギ》）

1

(1) おじいさんがあわてて立《た》ち上《あ》がったのは、なぜですか。○をつけましょう。

（　）お日様《ひさま》のしずむ時間《じかん》が近《ちか》づいてきたから。

（　）家《いえ》に帰《かえ》るやくそくの時間《じかん》が近《ちか》づいてきたから。

(2) 三年《さんねん》とうげで転《ころ》んだならば、どうなると、おじいさんは、言《い》っていますか。文章《ぶんしょう》の中《なか》の言葉《ことば》で書《か》きましょう。

2

(1) ㋐お日様《ひさま》が西《にし》にかたむくとは、どんな意味《いみ》ですか。○をつけましょう。

（　）太陽《たいよう》が西《にし》にしずみかける。

（　）太陽《たいよう》が西《にし》からのぼりはじめる。

(2) 夕《ゆう》やけ空《ぞら》は、どうなりましたか。

だんだん［　　　］なった。

三年《さんねん》とうげ　(3)

名前

● 次《つぎ》の文章《ぶんしょう》を二回《にかい》読《よ》んで、答《こた》えましょう。

1

〔お日様《ひさま》が西《にし》にかたむき、夕《ゆう》やけ空《ぞら》がだんだん暗《くら》くなりました。〕

㋐ところがたいへん。

あんなに気《き》をつけて歩《ある》いていたのに、おじいさんは、石《いし》につまずいて転《ころ》んでしまいました。

おじいさんは真《ま》っ青《さお》になり、がたがたふるえました。

2

家《いえ》にすっとんでいき、おばあさんにしがみつき、おいおいなきました。

「ああ、どうしよう、どうしよう。わしのじゅみょうは、あと三年《さんねん》じゃ。三年《さんねん》しか生《い》きられぬのじゃあ。」

※しがみつく…しっかり強《つよ》くだきつく。
※じゅみょう…命《いのち》。命《いのち》の長《なが》さ。

(令和二年度版　光村図書　国語三下　あおぞら　李錦玉《リクムオギ》)

1

(1) ㋐ところがたいへんとは、おじいさんに何《なに》があったのですか。

三年《さんねん》とうげで、石《いし》につまずいて［　　　　］しまった。

(2) 転《ころ》んでしまったおじいさんは、どんな様子《ようす》になりましたか。文章《ぶんしょう》の中《なか》から一《ひと》つの文《ぶん》を書《か》き出《だ》しましょう。

2

(1) 家《いえ》にすっとんでいったおじいさんは、おばあさんにしがみつき、どうしましたか。

［　　　　］ないた。

(2) おじいさんは、どうしてないたのですか。〇をつけましょう。

(　)石《いし》につまずいて転《ころ》んだところがいたかったから。

(　)三年《さんねん》とうげで転《ころ》んだので、あと三年《さんねん》しか生《い》きられないと思《おも》ったから。

三年《さんねん》とうげ ⑷

名前

● 次《つぎ》の文章《ぶんしょう》を二回《にかい》読《よ》んで、答《こた》えましょう。

1

〔おじいさんは、三年《さんねん》とうげで、石《いし》につまずいて転《ころ》んでしまいました。〕

その日《ひ》から、おじいさんは、ごはんも食《た》べずに、ふとんにもぐりこみ、とうとう病気《びょうき》になってしまいました。お医者《いしゃ》をよぶやら、薬《くすり》を飲《の》ませるやら、おばあさんはつきっきりで看病《かんびょう》しました。

※つきっきり…いつもそばをはなれないこと。
※看病《かんびょう》…病気《びょうき》の人《ひと》の世話《せわ》をすること。

2

㋐、おじいさんの病気《びょうき》はどんどん重《おも》くなるばかり。村《むら》の人《ひと》たちもみんな心配《しんぱい》しました。

（令和二年度版　光村図書　国語三下　あおぞら　李《リ》錦《クム》玉《オギ》）

1

⑴ おじいさんは、とうとうどうなってしまいましたか。

［　　　　］しまいました。

⑵ おばあさんは、おじいさんのために、どのようなことをして、つきっきりで看病《かんびょう》しましたか。二《ふた》つ書《か》きましょう。

［　　　　］

［　　　　］

2

⑴ ㋐にあてはまる言葉《ことば》を一《ひと》つえらんで、○をつけましょう。

（　）それで
（　）けれども
（　）それとも

⑵ 村《むら》の人《ひと》たちはどんなことを心配《しんぱい》したのですか。

おじいさんの病気《びょうき》が［　　　　］こと。

三年《さんねん》とうげ　(5)

名前

● 次《つぎ》の文章《ぶんしょう》を二回《にかい》読《よ》んで、答《こた》えましょう。

1

（三年《さんねん》とうげで転《ころ》んでしまったおじいさんは、その日《ひ》から、ごはんも食《た》べず、ふとんにもぐりこみ、病気《びょうき》になってしまいました。）

そんなある日《ひ》のこと、水車屋《すいしゃや》のトルトリが、㋐みまいに来《き》ました。

「おいらの言《い》うとおりにすれば、おじいさんの病気《びょうき》はきっとなおるよ。」

※水車屋《すいしゃや》…水車《すいしゃ》を使《つか》い、米《こめ》や麦《むぎ》をこなにひく仕事《しごと》をしている人《ひと》。

2

㋑「どうすればなおるんじゃ。」

おじいさんは、ふとんから顔《かお》を出《だ》しました。

㋒「なおるとも。三年《さんねん》とうげで、もう一度《いちど》転《ころ》ぶんだよ。」

（令和二年度版　光村図書　国語三下　あおぞら　李錦玉《リクムオギ》）

1

(1) ㋐みまいとは、どんな意味《いみ》ですか。○をつけましょう。

（　）病気《びょうき》の人《ひと》をたずねて、なぐさめること。

（　）病気《びょうき》がなおったことをいわうこと。

(2) ある日《ひ》、おじいさんのみまいに来《き》たのは、だれですか。

2

(1) ㋑㋒の言葉《ことば》は、それぞれだれが言《い》った言葉《ことば》ですか。

㋑

㋒

(2) トルトリは、どうすれば、病気《びょうき》がなおると言《い》いましたか。文章《ぶんしょう》の中《なか》から一《ひと》つの文《ぶん》を書《か》き出《だ》しましょう。

三年《さんねん》とうげ (6)

名前

● 次《つぎ》の文章《ぶんしょう》を二回《にかい》読《よ》んで、答《こた》えましょう。

1

（トルトリは、おじいさんに、病気《びょうき》をなおすには、「三年《さんねん》とうげで、もう一度《いちど》転《ころ》ぶんだよ。」と言《い》いました。）

㋐「㋒ばかな。わしに、もっと早《はや》く死《し》ねと言《い》うのか。」

㋑「そうじゃないんだよ。一度《いちど》転《ころ》ぶと、三年《さんねん》生《い》きるんだろ。二度《にど》転《ころ》べば六年《ろくねん》、三度《さんど》転《ころ》べば九年《きゅうねん》、四度《よんど》転《ころ》べば十二年《じゅうにねん》。このように、何度《なんど》も転《ころ》べば、ううんと長生《ながい》きできるはずだよ。」

2

おじいさんは、しばらく考《かんが》えていましたが、うなずきました。

㋓「うん、なるほど、なるほど。」

そして、ふとんからはね起《お》きると、三年《さんねん》とうげに行《い》き、わざとひっくり返《かえ》り、転《ころ》びました。

（令和二年度版　光村図書　国語三下　あおぞら　李錦玉《リクムオギ》）

1

(1) ㋐㋑の言葉《ことば》は、それぞれだれが言《い》った言葉《ことば》ですか。

㋐［　　　］

㋑［　　　］

(2) 「㋒ばかな。」と言《い》ったとき、三年《さんねん》とうげでもう一度《いちど》転《ころ》べば、おじいさんはどうなると思《おも》っていましたか。

（　）もっと早《はや》く死《し》んでしまう。

（　）もっと長生《ながい》きできる。

(3) トルトリは、何度《なんど》も転《ころ》べば、どうすることができるはずだと言《い》いましたか。

［ううんと［　　　］できるはず。］

2

(1) ㋓「うん、なるほど、なるほど。」と言《い》ったときのおじいさんは、どんな気持《きも》ちでしたか。○をつけましょう。

（　）トルトリの話《はなし》は、しんじられない。

（　）トルトリの言《い》うとおりだな。

(2) トルトリの話《はなし》を聞《き》いたおじいさんは、三年《さんねん》とうげに行《い》って、どうしましたか。

［　　　］

たから島《じま》のぼうけん (1)

名前

(1) 次《つぎ》は、物語《ものがたり》の組《く》み立《た》てについて整理《せいり》した表《ひょう》です。（　）にあてはまる言葉《ことば》を[　]からえらんで書《か》きましょう。

組《く》み立《た》て	書《か》かれていること
① 始《はじ》まり	・いつ、（　）で、（　）が、何《なに》をしたのか、物語《ものがたり》が始《はじ》まる（　）。
② 出来事《できごと》（事件《じけん》）が（　）	・どんな出来事《できごと》（事件《じけん》）が起《お》こったか。
③ 出来事《できごと》（事件《じけん》）が解決《かいけつ》する	・出来事《できごと》（事件《じけん》）がどのように解決《かいけつ》したか。
④ むすび	・出来事《できごと》（事件《じけん》）の（　）、どうなったか。

・だれ　・けっか　・起《お》こる　・どこ　・きっかけ

(2) 物語《ものがたり》を書《か》くとき、はじめに「時《とき》（いつ）」「場所《ばしょ》（どこ）」「登場人物《とうじょうじんぶつ》（だれ）」「出来事《できごと》（何《なに》をした）」を考《かんが》えます。次《つぎ》の①～④の言葉《ことば》は、どれにあたりますか。――線《せん》でむすびましょう。

① みなみ公園《こうえん》　・　　・　時《とき》

② 夏休《なつやす》みのある日《ひ》　・　　・　場所《ばしょ》

③ ふしぎな地図《ちず》をひろった　・　　・　登場人物《とうじょうじんぶつ》

④ えりと かずや　・　　・　出来事《できごと》

たから島《じま》のぼうけん (2)

名前

教科書《きょうかしょ》の「たから島《じま》のぼうけん」を読《よ》んで、答《こた》えましょう。

● 次《つぎ》の文章《ぶんしょう》は、谷口《たにぐち》さんが書《か》いた物語《ものがたり》の一部《いちぶ》です。この文章《ぶんしょう》を二回《にかい》読《よ》んで答《こた》えましょう。

たから島《じま》のぼうけん

谷口《たにぐち》 あかり

①

そうまと ゆなは、小《ちい》さいころからの友《とも》だちで、毎日《まいにち》いっしょに登校《とうこう》するほどなかよしです。

ある朝《あさ》、いつものように二人《ふたり》が学校《がっこう》へ向《む》かっていると、道《みち》に一《いち》まいの地図《ちず》が落《お》ちていました。

……

②

めずらしい鳥《とり》に見《み》とれたそうまは、何《なに》かをふみました。なんとそれは、おそろしいワニのしっぽだったのです。

……

③

「このつるを使《つか》って。急《いそ》いで。」

そうまは、ゆなにもらった草《くさ》のつるで、ワニの口《くち》をぐるぐるとしばりました。二人《ふたり》は、とぶようににげました。

……

④

二人《ふたり》は、ぶじに島《しま》から家《いえ》へ帰《かえ》ることができました。でも、たから島《じま》のことはだれにも話《はな》しませんでした。

（令和二年度版　光村図書　国語三下　あおぞら「たから島のぼうけん」による）

(1) 上《うえ》の文章《ぶんしょう》の①～④の部分《ぶぶん》は、物語《ものがたり》の組《く》み立《た》てのうち、どれにあてはまりますか。[　]から記号《きごう》で答《こた》えましょう。

① （　　）　② （　　）

③ （　　）　④ （　　）

ア　むすび
イ　始《はじ》まり
ウ　出来事《できごと》（事件《じけん》）が解決《かいけつ》する
エ　出来事《できごと》（事件《じけん》）が起《お》こる

(2) 上《うえ》の文章《ぶんしょう》の①に書《か》かれていることを、三《みっ》つえらんで○をつけましょう。

（　）登場人物《とうじょうじんぶつ》の名前《なまえ》とかんけい。
（　）登場人物《とうじょうじんぶつ》の気持《きも》ち。
（　）いつのことか。
（　）物語《ものがたり》の始《はじ》まるきっかけ。
（　）出来事《できごと》が起《お》きたあとのこと。

きせつの言葉《ことば》4

冬《ふゆ》のくらし (1)

名前

● 次《つぎ》の詩《し》を二回《にかい》読《よ》んで、答《こた》えましょう。

ゆき

川崎《かわさき》 洋《ひろし》

㋐はつゆき ふった
こなゆき だった
くつの下《した》で きゅっきゅと
ないた

どかゆき ふった
のしのし ふって
ずんずん つもり
ねゆきに なった

べたゆき ふって
ぼたゆき ふって
ざらめゆきに なって
もうすぐ 春《はる》だ

（令和二年度版 光村図書 国語三下 あおぞら 川崎 洋）

(1) ㋐はつゆきのように、「ゆき」とつく言葉《ことば》が七《なな》つあります。すべて見《み》つけて、じゅんに書《か》き出《だ》しましょう。

はつゆき

(2) ㋐はつゆきとは、どんな雪《ゆき》ですか。○をつけましょう。

（　）その年《とし》の冬《ふゆ》に、はじめてふる雪《ゆき》。
（　）その年《とし》の冬《ふゆ》のさいごにふる雪《ゆき》。

(3) 詩《し》の一行目《いちぎょうめ》から、さいごの行《ぎょう》までを読《よ》んで、どんな様子《ようす》が分《わ》かりますか。○をつけましょう。

（　）雪《ゆき》がだんだんはげしくなる、きびしい冬《ふゆ》の様子《ようす》。
（　）冬《ふゆ》のはじめからおわりまで雪《ゆき》がかわっていく様子《ようす》。

きせつの言葉《ことば》4

冬《ふゆ》のくらし (2)

名前

冬《ふゆ》とは、十二月《じゅうにがつ》、一月《いちがつ》、二月《にがつ》ごろのきせつです。

(1) 寒《さむ》い冬《ふゆ》をあたたかくすごすためのくふうを、四《よっ》つえらんで○をつけましょう。

(　)うちわ　(　)ゆたんぽ
(　)こたつ　(　)ふうりん
(　)たき火《び》　(　)せんぷうき
(　)かき氷《ごおり》　(　)ストーブ

(2) 土《つち》の中《なか》で育《そだ》つ、冬《ふゆ》においしいやさいを二《ふた》つえらんで○をつけましょう。

(　)にんじん　(　)きのこ
(　)だいこん　(　)きゅうり

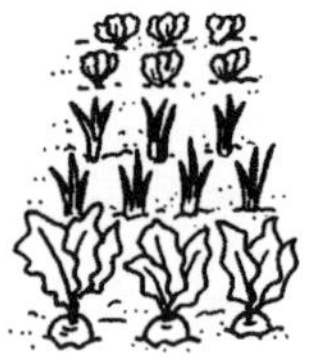

(3) 次《つぎ》の文《ぶん》は、冬《ふゆ》のある日《ひ》の出来事《できごと》を日記《にっき》に書《か》いた文章《ぶんしょう》です。(　)にあてはまる言葉《ことば》を[　]からえらんで書《か》きましょう。

きのうの夜《よる》のうちにふった雪《ゆき》が、朝《あさ》になるとつもっていました。
あたり一面《いちめん》が(　　　)です。父《ちち》は、朝早《あさはや》く家《いえ》の外《そと》に出《で》て、
人《ひと》が通《とお》れるように(　　　)をしました。
その間《あいだ》、ぼくと妹《いもうと》は(　　　)をして
遊《あそ》びました。

・雪《ゆき》かき　・雪《ゆき》がっせん　・銀世界《ぎんせかい》

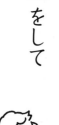

詩《し》のくふうを楽《たの》しもう (1)

名前

● 次《つぎ》の詩《し》を二回《にかい》読《よ》んで、答《こた》えましょう。

からはおもくて
たくさんあるくと
つかれるけれど
むりしてたてた
りっぱなおうち

和田《わだ》　誠《まこと》

（令和二年度版　光村図書　国語三下　あおぞら　和田　誠）

(1) 何《なに》かがかくれている詩《し》です。それぞれの行《ぎょう》のさいしょの字《じ》をつなげた言葉《ことば》を書《か》きましょう。

(2) 何《なに》がおもいといっていますか。

(3) たくさんあるくと、どうなるといっていますか。

(4) 「りっぱなおうち」について答《こた》えましょう。

① だれのおうちのことですか。

② 何《なん》のことを表《あらわ》していますか。詩《し》の中《なか》から二文字《にもじ》の言葉《ことば》で答《こた》えましょう。

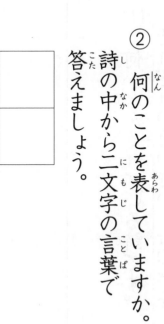

詩《し》のくふうを楽《たの》しもう　(2)

名前

● 次《つぎ》の詩《し》を二回《にかい》読《よ》んで、答《こた》えましょう。

はせ　みつこ

ことばはつなぐ
とおくとちかく
㋐ ばらとみつばち
㋑ だれかとだれか
㋒ いまとむかし
㋓ すきときらい
㋔ きみとわたし

（令和二年度版　光村図書　国語三下　あおぞら　はせ　みつこ）

(1) 何《なに》かがかくれている詩《し》です。それぞれの行《ぎょう》のさいしょの字《じ》をつなげた言葉《ことば》を書《か》きましょう。

(2) 「とおくとちかく」について答《こた》えましょう。

① 「とおく」と「ちかく」とは、どのような言葉《ことば》の組《く》み合《あ》わせですか。○をつけましょう。

（　）にた意味《いみ》の言葉《ことば》の組《く》み合《あ》わせ。

（　）はんたいの意味《いみ》の言葉《ことば》の組《く》み合《あ》わせ。

② ㋐～㋔の中《なか》で、「とおくとちかく」と同《おな》じような言葉《ことば》の組《く》み合《あ》わせのものを、二《ふた》つ見《み》つけて書《か》き出《だ》しましょう。

カンジーはかせの

音訓《おんくん》かるた (1)

名前

● 次《つぎ》の――線《せん》の漢字《かんじ》の読《よ》みがなを書《か》きましょう。

①

公園《こうえん》に　小さな　すべり台《だい》が　ある。（　　）

ぼくは、小学校へ　行《い》く。（　　）

②

母《はは》は、羊毛の　毛糸《けいと》で　マフラーを　あむ。（　　）

ぼくじょうに　たくさんの　羊が　いる。（　　）

③

わたしの　おじいちゃんは　大工だ。（　　）

日曜日《にちようび》に、スポーツ大会が　ある。（　　）

赤《あか》ちゃんは、大きな　声《こえ》で　ないた。（　　）

①～③は、それぞれ「小」「羊」「大」という漢字《かんじ》の「音読《おんよ》み」と「訓読《くんよ》み」を使《つか》った言葉《ことば》の問題《もんだい》です。どの読《よ》み方《かた》が「音読《おんよ》み」で、どの読《よ》み方《かた》が「訓読《くんよ》み」なのか、分《わ》かるかな。

カンジーはかせの 音訓《おんくん》かるた ⑵

名前

● 次《つぎ》の——線《せん》の漢字《かんじ》の読《よ》みがなを書《か》きましょう。

①

弟《おとうと》は、左足《ひだりあし》で 小《ちい》さな 石を けった。

となりの 町《まち》で、きょうりゅうの 化石が 見《み》つかった。

②

船《ふね》は、汽笛を ならして 進《すす》む。

兄《あに》は、口笛の 名人《めいじん》だ。

③

先生《せんせい》は、みんなの 意見《いけん》を 聞《き》いてから 発言した。

わたしは、お礼《れい》の 言葉を 手紙《てがみ》に 書《か》いた。

ぼくは、話《はな》し合《あ》いで 意見《いけん》を 言った。

「石」「笛」「言」という漢字《かんじ》の、「音読《おんよ》み」と「訓読《くんよ》み」は分《わ》かったかな。

カンジーはかせの

音訓《おんくん》かるた (3)

名前

(1) 次《つぎ》の ――線《せん》の漢字《かんじ》の読《よ》みがなを書《か》きましょう。

① わたしは、朝食のとき、いつも パンを 食べている。

（　　　）（　　　）

② 日記を 書《か》き始《はじ》めて、きょうで 四日目だ。

（　　　）（　　　）

③ こんどの 遠足の 行《い》き先《さき》は、遠くの 水族館《すいぞくかん》だ。

（　　　）（　　　）

「音読《おんよ》み」を使《つか》った言葉《ことば》と「訓読《くんよ》み」を使《つか》った言葉《ことば》が、一《ひと》つずつある文《ぶん》だね。

(2) 次《つぎ》の文《ぶん》の□には、同《おな》じ漢字《かんじ》が入《はい》ります。その漢字《かんじ》を□に書《か》きましょう。

① ぼくは、しょうぎの □《しょう》負《ぶ》に □《か》って うれしかった。　勝

② 相手《あいて》チームの □《とう》手《しゅ》が 速《はや》い 球《たま》を □《な》げた。　□

③ 兄《あに》は、旅先《たびさき》の □《やど》で □《しゅく》題《だい》を した。　□

④ 姉《あね》は、□《ち》代《よ》紙《がみ》で □《せん》羽《ば》の つるを おった。　□

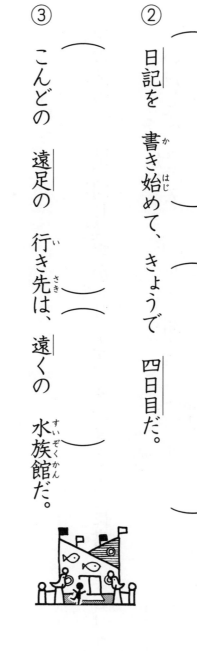

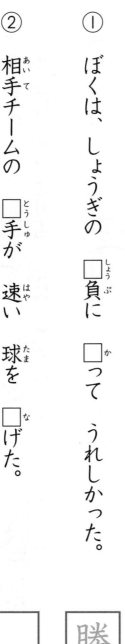

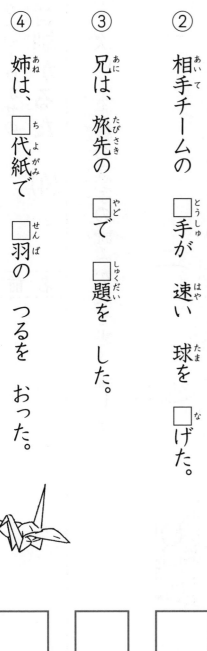

カンジーはかせの

音訓《おんくん》かるた (4)

名前

(1) 次《つぎ》の――線《せん》の漢字《かんじ》の読《よ》みがなを書《か》きましょう。

① 先生は、だれよりも 先に 教室《きょうしつ》に 入《はい》った。
（　　） （　　） （　　）

② 母《はは》は、家《いえ》の 車庫に、赤《あか》い 車を とめた。
（　　） （　　）

③ 学校《がっこう》の 行事で 動物園《どうぶつえん》へ 行った。
（　　） （　　）

(2) 次《つぎ》の文《ぶん》の□には、同《おな》じ漢字《かんじ》が入《はい》ります。その漢字《かんじ》を□に書《か》きましょう。

① わたしは、音□《おんがく》を □《たの》しく 聞《き》く。

② 先生《せんせい》は、□室《きょうしつ》で 算数《さんすう》を □《おし》える。

③ 外□《がいこく》の 人《ひと》から、その □《くに》の 文化《ぶんか》を 学《まな》ぶ。

④ ぼくの □友《しんゆう》は 本《ほん》に □《した》しむ 人《ひと》だ。

① □　② □　③ □　④ □

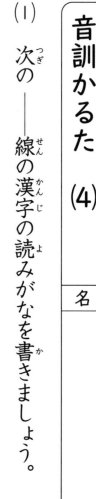

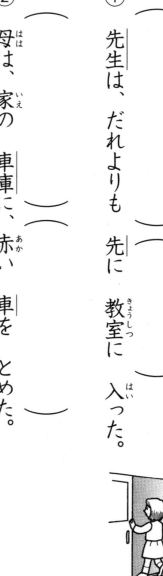

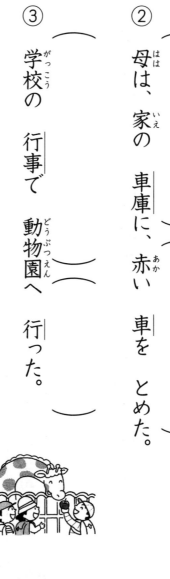

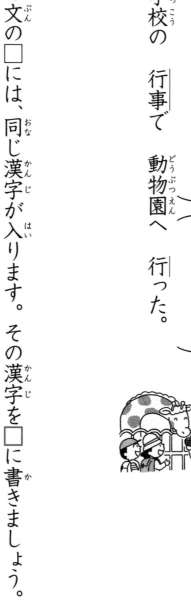

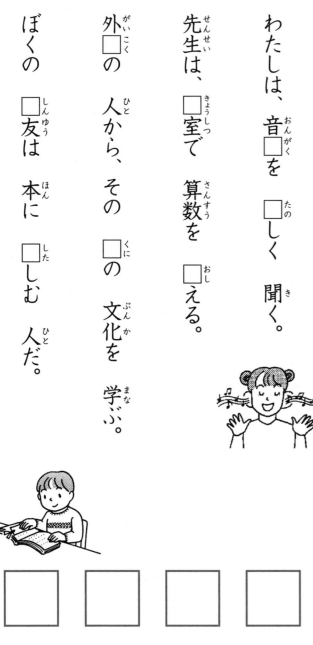

ありの行列《ぎょうれつ》 (1)

名前

● 次《つぎ》の文章《ぶんしょう》を二回《にかい》読《よ》んで、答《こた》えましょう。

1

〔アメリカのウイルソンという学者《がくしゃ》が、なぜ、ありの行列《ぎょうれつ》ができるのかを調《しら》べるために、実験《じっけん》をしました。〕

はじめに、ありの巣《す》から少《すこ》しはなれた所《ところ》に、ひとつまみのさとうをおきました。しばらくすると一《いっ》ぴきのありが、そのさとうを見《み》つけました。

2

㋐これは、えさをさがすために、外《そと》に出《で》ていたはたらきありです。ありは、やがて、巣《す》に帰《かえ》っていきました。

（令和二年度版　光村図書　国語三下　あおぞら　大滝《おおたき》　哲也《てつや》）

1

(1) ウイルソンは、どんな所《ところ》に、ひとつまみのさとうをおきましたか。（習《なら》っていない漢字《かんじ》は、ひらがなで書《か》きましょう。）

〔　　　　　〕から〔　　　　　〕所《ところ》。

(2) さとうを見《み》つけたのは、だれでしたか。

〔　　　　　〕

2

(1) ㋐これとは、何《なん》のことを指《さ》していますか。○をつけましょう。

（　）ひとつまみのさとう。

（　）さとうを見《み》つけた一《いっ》ぴきのあり。

(2) はたらきありは、何《なん》のために外《そと》に出《で》ていたのですか。

〔　　　　　〕ため。

ありの行列《ぎょうれつ》　(2)

名前

● 次《つぎ》の文章《ぶんしょう》を二回《にかい》読《よ》んで、答《こた》えましょう。

1

〔さとうを見《み》つけた一《いっ》ぴきのありが、巣《す》に帰《かえ》っていきました。〕

すると、巣《す》の中《なか》から、たくさんのはたらきありが、次々《つぎつぎ》と出《で》てきました。［㋐］、列《れつ》を作《つく》って、さとうの所《ところ》まで行《い》きました。

2

ふしぎなことに、㋑その行列《ぎょうれつ》は、はじめのありが巣《す》に帰《かえ》るときに通《とお》った道《みち》すじから、外《はず》れていないのです。

（令和二年度版　光村図書　国語三下　あおぞら　大滝《おおたき》哲也《てつや》）

1

(1) 巣《す》の中《なか》から、何《なに》が次々《つぎつぎ》と出《で》てきましたか。

［　　　　］

(2) ［㋐］にあてはまる言葉《ことば》に○をつけましょう。

（　）だから　（　）そして

(3) はたらきありは、列《れつ》を作《つく》って、どこまで行《い》きましたか。

［　　　　］まで。

2

(1) ㋑その行列《ぎょうれつ》とは、どんな行列《ぎょうれつ》ですか。○をつけましょう。

（　）さとうの所《ところ》まで行《い》くありの行列《ぎょうれつ》。

（　）巣《す》の中《なか》へ帰《かえ》るありの行列《ぎょうれつ》。

(2) どのようなことが、ふしぎなことだというのですか。

ありの行列《ぎょうれつ》は、はじめのありが巣《す》に帰《かえ》るときに通《とお》った［　　　　］から、［　　　　］こと。

ありの行列《ぎょうれつ》 (3)

名前

● 次《つぎ》の文章《ぶんしょう》を二回《にかい》読《よ》んで、答《こた》えましょう。

1

〔はじめに、ありの巣《す》から少《すこ》しはなれた所《ところ》に、ひとつまみのさとうをおく実験《じっけん》をしました。すると、ありは列《れつ》を作《つく》って、さとうのある所《ところ》まで行《い》きました。〕

次《つぎ》に、この道《みち》すじに大《おお》きな石《いし》をおいて、ありの行《ゆ》く手《て》をさえぎってみました。［㋐］、ありの行列《ぎょうれつ》は、石《いし》の所《ところ》でみだれて、㋑ちりぢりになってしまいました。

※行《ゆ》く手《て》…進《すす》んでいく方向《ほうこう》。
※さえぎる…じゃまをして通《とお》れなくする。

2

ようやく、一《いっ》ぴきのありが、石《いし》の向《む》こうがわに道《みち》のつづきを見《み》つけました。そして、さとうに向《む》かって進《すす》んでいきました。

（令和二年度版　光村図書　国語三下　あおぞら　大滝《おおたき》　哲也《てつや》）

1

(1) 次《つぎ》に、どんな実験《じっけん》をしましたか。

ありの巣《す》からさとうの所《ところ》までの道《みち》すじに［　　］をおいて、ありの［　　］をさえぎってみた。

(2) ［㋐］にあてはまる言葉《ことば》に○をつけましょう。

（　）しかし
（　）すると

(3) ㋑ちりぢりとは、どんな意味《いみ》ですか。○をつけましょう。

（　）丸《まる》くちぢまっていく様子《ようす》。
（　）ばらばらになる様子《ようす》。

2

(1) 一《いっ》ぴきのありが、石《いし》の向《む》こうがわに見《み》つけたものは、何《なん》でしたか。

〔　　　〕

(2) そして、一《いっ》ぴきのありは、何《なに》に向《む》かって進《すす》んでいきましたか。

〔　　　〕

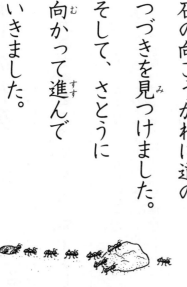

ありの行列《ぎょうれつ》 (4)

名前

● 次《つぎ》の文章《ぶんしょう》を二回《にかい》読《よ》んで、答《こた》えましょう。

1

〔大《おお》きな石《いし》のところでちりぢりになったありのうち、一《いっ》ぴきのありが、ようやく道《みち》のつづきを見《み》つけ、さとうに向《む》かって進《すす》みました。〕

そのうちに、他《ほか》のありたちも、一《いっ》ぴき二《に》ひきと道《みち》を見《み》つけて歩《ある》きだしました。㋐ だんだんに、ありの行列《ぎょうれつ》ができていきました。

2

㋑目的地《もくてきち》に着《つ》くと、ありは、さとうのつぶを持《も》って、巣《す》に帰《かえ》っていきました。帰《かえ》るときも、行列《ぎょうれつ》の道《みち》すじはかわりません。ありの行列《ぎょうれつ》は、さとうのかたまりがなくなるまでつづきました。

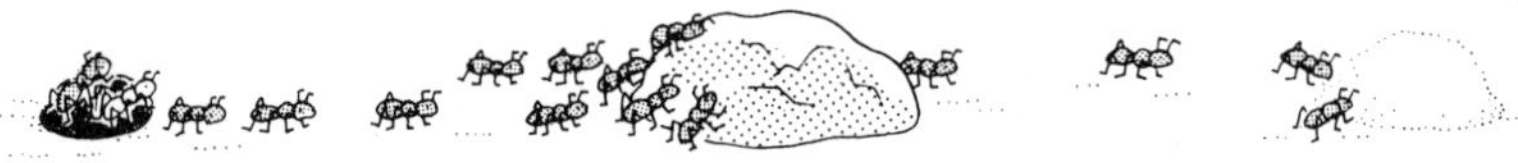

（令和二年度版　光村図書　国語三下　あおぞら　大滝《おおたき》　哲也《てつや》）

1

(1) 他《ほか》のありたちが見《み》つけたものは、何《なん》ですか。

さとうに向《む》かう［　　］。

(2) ㋐にあてはまる言葉《ことば》を一《ひと》つえらんで、○をつけましょう。

（　）けれども
（　）また
（　）それとも

2

(1) ㋑目的地《もくてきち》とは、何《なん》のことですか。一《ひと》つに○をつけましょう。

（　）大《おお》きな石《いし》。
（　）ありの巣《す》。
（　）さとうのかたまり。

(2) ありが巣《す》に帰《かえ》るときの様子《ようす》で、あてはまる方《ほう》に○をつけましょう。

（　）さとうのつぶを持《も》っていなかった。
（　）行列《ぎょうれつ》の道《みち》すじはかわらなかった。

(3) ありの道《みち》は、いつまでつづきましたか。

さとうのかたまりが［　　］までつづいた。

ありの行列《ぎょうれつ》 (5)

もっと読《よ》もう

名前

● 「ありの行列《ぎょうれつ》」にかかわる次《つぎ》の文章《ぶんしょう》を二回《にかい》読《よ》んで、答《こた》えましょう。

ありは、道《みち》しるべになる、においのあるえきだけでなく、他《ほか》にもいくつかの、においのあるえきを出《だ》して、なかまとつたえ合《あ》っています。

たとえば、てきなどのきけんが近《ちか》づいていることを知《し》らせるときに出《だ》すものや、なかまを集《あつ》めるために出《だ》すものなどがあります。

(令和二年度版　光村図書　国語三下　あおぞら「ありの行列　もっと読もう」による)

(1) ありが、においのある、とくべつのえきを出《だ》すのは、えさを持《も》って帰《かえ》るときだけですか。○をつけましょう。

(　) はい。

(　) いいえ。他《ほか》にもいくつかある。

●においのある、とくべつのえきを出《だ》すのは、えさを持《も》って帰《かえ》るときだけか。

(2) ありは、においのあるえきを出《だ》して、だれとつたえ合《あ》っていますか。

(3) ありが、道《みち》しるべになるものの他《ほか》に、においのあるえきを出《だ》す、二《ふた》つのれいが書《か》かれています。文章《ぶんしょう》の中《なか》から書《か》き出《だ》しましょう。

に出《だ》すもの。

に出《だ》すもの。

つたわる言葉《ことば》で表《あらわ》そう

名前

教科書《きょうかしょ》の「つたわる言葉《ことば》で表《あらわ》そう」を読《よ》んで、答《こた》えましょう。

● 次《つぎ》の㋐、㋑の文章《ぶんしょう》は、田中《たなか》さんが運動会《うんどうかい》の感想《かんそう》を書《か》いた文章《ぶんしょう》です。この文章《ぶんしょう》を二回《にかい》読《よ》んで、答《こた》えましょう。

㋐
運動会《うんどうかい》は、がんばれたからよかった。

㋑
リレーで走《はし》っているとき、友《とも》だちのおうえんする声《こえ》が聞《き》こえてきた。苦《くる》しかったけれど、さいごまで全力《ぜんりょく》で走《はし》り、一等《いっとう》になれてよかった。

（令和二年度版　光村図書　国語三下　あおぞら「つたわる言葉で表そう」による）

(1) 田中《たなか》さんの気持《きも》ちが、読《よ》む人《ひと》によくつたわるのは、㋐と㋑のどちらですか。記号《きごう》で答《こた》えましょう。

□

(2) ㋑の文章《ぶんしょう》について答《こた》えましょう。

① 運動会《うんどうかい》の、どのきょうぎについての文章《ぶんしょう》ですか。

［　　　　　］

② 田中《たなか》さんは、どんなことをがんばったのですか。○をつけましょう。

（　）おうえんしたこと。

（　）苦《くる》しくても、さいごまで全力《ぜんりょく》で走《はし》ったこと。

③ 田中《たなか》さんは、どんなことをよかったと書《か》いていますか。

苦《くる》しくても、さいごまで全力《ぜんりょく》で走《はし》り、［　　　］になれたこと。

これがわたしのお気《き》に入《い》り　(1)

名前

教科書《きょうかしょ》の「これがわたしのお気《き》に入《い》り」を読《よ》んで、答《こた》えましょう。

● 高山《たかやま》さんは、この一年間《いちねんかん》に作《つく》った自分《じぶん》の作品《さくひん》の中《なか》から一《ひと》つをえらび、その作品《さくひん》をしょうかいすることにしました。次《つぎ》のメモは、その文章《ぶんしょう》を書《か》くために書《か》いた組《く》み立《た》てメモです。このメモを読《よ》んで答《こた》えましょう。

（ア）

図工《ずこう》で作《つく》った小物入《こものい》れ

作品《さくひん》の（イ）

・ざいりょう　ペットボトル、ねん土《ど》、絵《え》の具《ぐ》

・作《つく》り方《かた》

・えんぴつを入《い》れる。

しょうかいしたい（ウ）

① きれいな色《いろ》にできた。

・絵《え》の具《ぐ》を少《すこ》しずつふやした。

・よくこねた。

② 家《いえ》の人《ひと》にも大《だい》こうひょうだった。

・お姉《ねえ》ちゃんの言葉《ことば》。

・電話《でんわ》の近《ちか》くにおいて、みんなで使《つか》っている。

※大《だい》こうひょう…とてもひょうばんがよいこと。

（令和二年度版　光村図書　国語三下　あおぞら「これがわたしのお気に入り」による）

(1) 上《うえ》のメモの㋐～㋒にあてはまる言葉《ことば》を［　］からえらんで書《か》きましょう。

㋐（　　　）

㋑（　　　）

㋒（　　　）

・理由《りゆう》
・えらんだ作品《さくひん》
・せつめい

(2) 上《うえ》のメモの①、②のところは、何《なに》についてくわしく書《か》きとめたものですか。［　］からえらんで記号《きごう》で答《こた》えましょう。

① □

② □

(あ) くふうしたところ、がんばったところ。

(い) まわりの人《ひと》の感想《かんそう》。

これがわたしのお気《き》に入《い》り　(2)

名前

● 次《つぎ》の文《ぶん》は、高山《たかやま》さんが書《か》いた、「小物《こもの》入《い》れ」をしょうかいする文章《ぶんしょう》です。この文章《ぶんしょう》を読《よ》んで、問題《もんだい》に答《こた》えましょう。

① 花《はな》もようが大《だい》こうひょう

高山《たかやま》　みお

② わたしのお気《き》に入《い》りの作品《さくひん》は，図工《ずこう》の時間《じかん》に作《つく》った小物《こもの》入《い》れです。

③ 絵《え》の具《ぐ》をまぜたねん土《ど》を，ペットボトルにはって作《つく》りました。細長《ほそなが》いので，えんぴつやペンを入《い》れるのに使《つか》えます。

④ この作品《さくひん》をしょうかいしたい理由《りゆう》は，二《ふた》つあります。

一《ひと》つは，ねん土《ど》をきれいな色《いろ》にできたことです。ねん土《ど》にまぜる絵《え》の具《ぐ》が少《すく》ないと，色《いろ》がうすくなります。反対《はんたい》に，多《おお》すぎるとこくなってしまいます。少《すこ》しずつ絵《え》の具《ぐ》をふやして，自分《じぶん》の思《おも》ったとおりの色《いろ》にしました。それから，全体《ぜんたい》が同《おな》じ色《いろ》になるまで，ねん土《ど》をよくこねました。

もう一《ひと》つは，家《いえ》の人《ひと》にも大《だい》こうひょうだったことです。持《も》って帰《かえ》ると，お姉《ねえ》ちゃんが，「花《はな》のもようがかわいいね。」と言《い》ってくれました。えんぴつやペンを入《い》れて電話《でんわ》の近《ちか》くにおいたら，みんなが使《つか》ってくれています。

※大《だい》こうひょう…とてもひょうばんがよいこと。

（令和二年度版　光村図書　国語三下　あおぞら　「これがわたしのお気に入り」による）

(1) 右《みぎ》の文章《ぶんしょう》の組《く》み立《た》ては、どんなじゅんばんになっていますか。（　）に1〜4の番号《ばんごう》を書《か》きましょう。

（1）題名《だいめい》
（　）しょうかいしたい理由《りゆう》
（　）えらんだ作品《さくひん》
（　）作品《さくひん》のせつめい

(2) ④の部分《ぶぶん》の文章《ぶんしょう》で使《つか》われているくふうを、二《ふた》つえらんで○をつけましょう。

（　）しょうかいした理由《りゆう》を一《ひと》つだけ書《か》いている。

（　）しょうかいした理由《りゆう》を書《か》くとき、「一《ひと》つは」、「もう一《ひと》つは」と分《わ》けて書《か》いている。

（　）まわりの人《ひと》の感想《かんそう》を、会話文《かいわぶん》の形《かたち》で書《か》いている。

コンピュータで，キーボードを使《つか》って文字《もじ》を入力《にゅうりょく》するときの打《う》ち方《かた》の決《き》まりをたしかめましょう。

コンピュータのローマ字入力《じにゅうりょく》

名前

① 「し」「ち」「ふ」など，ローマ字《じ》での書《か》き方《かた》が二《ふた》つあるものは，どちらの打《う》ち方《かた》でも入力《にゅうりょく》できる。
〈れい〉「SI」「SHI」→し，「TI」「CHI」→ち，「HU」「FU」→ふ，「ZI」「JI」→じ，「SYA」「SHA」→しゃ

② 「ぢ」「づ」「を」「ん」などは，ふつう、次《つぎ》のように打《う》つ。
「DI」→ぢ，「DU」→づ，「WO」→を，「NN」→ん

③ のばす音《おん》は，平《ひら》がなで書《か》かれたとおりに打《う》つ。かたかなの言葉《ことば》は，[-]を打《う》つ。
〈れい〉「KUUKI」→くうき（書《か》き表《あらわ》し方《かた》「kuki」），「NO－TO」→ノート

(1) 次《つぎ》の文字《もじ》をコンピュータのキーボードに入力《にゅうりょく》すると，どんな言葉《ことば》になりますか。ひらがなで書《か》きましょう。

① HACHI（　　　　）　② FUNE（　　　　）

(2) 次《つぎ》の言葉《ことば》をコンピュータのキーボードに入力《にゅうりょく》するとき，どのように打《う》つとよいでしょう。正《ただ》しいほうに○をつけましょう。

① はなぢ（ HANAGI ・ HANADI ）　② ぼうし（ BOUSI ・ BOSI ）

③ ばった（ BATTA ・ BATA ）　④ ケーキ（ KEEKI ・ KE–KI ）

⑤ ほん　を　かう（ HONN WO KAU ・ HON O KAU ）

わたしたちの学校《がっこう》じまん (1)

名前

教科書《きょうかしょ》の「わたしたちの学校《がっこう》じまん」を読《よ》んで、答《こた》えましょう。

● 学校《がっこう》のじまんしたいことを、グループで一《ひと》つえらんで、発表《はっぴょう》する活動《かつどう》をします。学校《がっこう》のじまんしたいことを決《き》めるために、発表《はっぴょう》する相手《あいて》や目的《もくてき》などを次《つぎ》のように整理《せいり》しました。（　）にあてはまる言葉《ことば》を［　］からえらんで答《こた》えましょう。

・発表《はっぴょう》する場《ば》…さんかん日《び》
・発表《はっぴょう》すること…学校《がっこう》のじまん
・発表《はっぴょう》する（　　　　）【だれに】…家《いえ》の人《ひと》、ちいきの方《かた》
・発表《はっぴょう》する（　　　　）【何《なん》のために】…小学校《しょうがっこう》のよいところを知《し》ってもらうため
・（　　　　）…一《いち》グループ五分《ごふん》
・（　　　　）【どこで】…教室《きょうしつ》

・相手《あいて》　・時間《じかん》
・場所《ばしょ》　・目的《もくてき》

わたしたちの学校《がっこう》じまん (2)

名前

教科書《きょうかしょ》の「わたしたちの学校《がっこう》じまん」を読《よ》んで、答《こた》えましょう。

● 次《つぎ》の文章《ぶんしょう》は「学校《がっこう》じまん」の発表《はっぴょう》の一部《いちぶ》です。二回《にかい》読《よ》んで、答《こた》えましょう。

〔わたしたちがじまんしたいのは、「にこにこ広場《ひろば》」です。じまんしたい理由《りゆう》は、二《ふた》つあります。一《ひと》つ目《め》は、気持《きも》ちのよさです。〕

二《ふた》つ目《め》は、そうじや手入《てい》れがされていることです。

←大《おお》きな声《こえ》で、はっきりと

「にこにこ広場《ひろば》」の毎日《まいにち》のそうじは、わたしたち三年生《さんねんせい》の仕事《しごと》です。この写真《しゃしん》を見《み》て ←㋐**草取《くさと》りの写真《しゃしん》**

ください。夏《なつ》には、みんなで ←㋑**間《ま》を取《と》る**

草取《くさと》りをするなど、しばふの手入《てい》れもてつだいます。

←ゆっくり話《はな》す

ちいきのみなさんにも、きれいな広場《ひろば》を見《み》てもらいたいです。

※間《ま》を取《と》る…少《すこ》し時間《じかん》をあけて、まつこと。

（令和二年度版　光村図書　国語三下　あおぞら「わたしたちの学校じまん」による）

(1) ㋐**草取《くさと》りの写真《しゃしん》**とは、このとき、写真《しゃしん》をどうすることを表《あらわ》していますか。○をつけましょう。

（　）「写真《しゃしん》」を持《も》っている人《ひと》がいないかを問《と》いかけている。

（　）聞《き》いている人《ひと》に「写真《しゃしん》」を見《み》せる。

(2) ㋑**間《ま》を取《と》る**のは、どうしてですか。一《ひと》つに○をつけましょう。

（　）写真《しゃしん》を見《み》る時間《じかん》をとるため。

（　）とくに聞《き》いてもらいたいため。

（　）ちがう話題《わだい》にかわるため。

(3) 上《うえ》の発表《はっぴょう》の場面《ばめん》の中《なか》で、声《こえ》の強弱《きょうじゃく》や速《はや》さでは、どんなくふうをして発表《はっぴょう》していますか。三《みっ》つ書《か》き出《だ》しましょう。

（　　　　）声《こえ》で、言《い》う。

（　　　　）と言《い》う。

（　　　　）話《はな》す。

モチモチの木《き》 (1)

名前

● 次《つぎ》の文章《ぶんしょう》を二回《にかい》読《よ》んで、答《こた》えましょう。

1

全《まった》く、豆太《まめた》ほど
㋐おくびょうなやつはない。
もう五《いつ》つにもなったんだから、
夜中《よなか》に、一人《ひとり》でせっちんぐらいに
行《い》けたっていい。

※せっちん…トイレのこと。

2

ところが、豆太《まめた》は、せっちんは
表《おもて》にあるし、表《おもて》には大《おお》きな
モチモチの木《き》がつっ立《た》っていて、
㋑空《そら》いっぱいのかみの毛《け》を
バサバサとふるって、両手《りょうて》を
「わあっ。」とあげるからって、
夜中《よなか》には、じさまについてって
もらわないと、
一人《ひとり》じゃ
しょうべんも
できないのだ。

（令和二年度版　光村図書　国語三下　あおぞら　斎藤《さいとう》　隆介《りゅうすけ》）

1

(1) ㋐おくびょうとは、どんな意味《いみ》ですか。一《ひと》つに○をつけましょう。

( )こわがり。気《き》が弱《よわ》い。
( )おこりっぽい。
( )体《からだ》が小《ちい》さい。

(2) 豆太《まめた》が一人《ひとり》でせっちんに行《い》けないのは、一日《いちにち》のうちのいつのことですか。

2

(1) 豆太《まめた》の家《いえ》の表《おもて》には、せっちんの他《ほか》に、何《なに》がつっ立《た》っていますか。

(2) ㋑空《そら》いっぱいの…「わあっ。」とあげるから、豆太《まめた》が、モチモチの木《き》のことをどのように思《おも》っていると考《かんが》えられますか。○をつけましょう。

( )楽《たの》しくて、おもしろい。
( )こわくて、おそろしい。

(3) 豆太《まめた》が夜中《よなか》にせっちんに行《い》くとき、だれについてきてもらいますか。

モチモチの木《き》 (2)

名前

● 次《つぎ》の文章《ぶんしょう》を二回《にかい》読《よ》んで、答《こた》えましょう。

1

じさまは、ぐっすりねむっているま夜中《よなか》に、豆太《まめた》が「じさまぁ。」って、どんなに小《ちい》さい声《こえ》で言《い》っても、「しょんべんか。」と、㋐すぐ目《め》をさましてくれる。いっしょにねている一《いち》まいしかないふとんを、ぬらされちまうよりいいからなぁ。

2

それに、とうげのりょうし小屋《ごや》に、自分《じぶん》とたった二人《ふたり》でくらしている豆太《まめた》が、かわいそうで、かわいかったからだろう。

（令和二年度版　光村図書　国語三下　あおぞら　斎藤《さいとう》　隆介《りゅうすけ》）

1

(1) ㋐すぐ目《め》をさましてくれるのは、だれですか。

[ ]

(2) じさまが、㋐すぐ目《め》をさましてくれるのは、なぜですか。一《ひと》つ目《め》の理由《りゆう》を書《か》きましょう。

いっしょにねている [ ] をぬらされてしまうよりいいから。

2

(1) じさまが、㋐すぐ目《め》をさましてくれる、二《ふた》つ目《め》の理由《りゆう》を書《か》きましょう。

豆太《まめた》のことが、[ ] で、[ ] から。

(2) 豆太《まめた》は、どこに、だれとくらしていますか。

・どこ（に）[ ]

・だれ（と）[ ]

モチモチの木《き》 (3)

名前

● 次《つぎ》の文章《ぶんしょう》を二回《にかい》読《よ》んで、答《こた》えましょう。

1

〔今夜《こんや》は、モチモチの木《き》に灯《ひ》がともるばんなんだそうだ。じさまは、「その灯《ひ》は、勇気《ゆうき》のある子どもだけが見《み》ることができる。」と言《い》う。〕

豆太《まめた》は、真夜中《まよなか》に、ひょっと目《め》をさました。頭《あたま》の上《うえ》で、くまの㋐うなり声《ごえ》が聞《き》こえたからだ。

「じさまぁっ。」

むちゅうでじさまにしがみつこうとしたが、じさまはいない。

2

「ま、豆太《まめた》、心配《しんぱい》すんな。じさまは、じさまは、ちょっとはらがいてえだけだ。」

まくら元《もと》で、くまみたいに体《からだ》を丸《まる》めてうなっていたのは、じさまだった。

（令和二年度版　光村図書　国語三下　あおぞら　斎藤《さいとう》　隆介《りゅうすけ》）

1

(1) 豆太《まめた》が、目《め》をさましたのは、いつのことですか。

(2) 豆太《まめた》が、ひょっと目《め》をさましたのは、なぜですか。文章《ぶんしょう》の中《なか》から書《か》き出《だ》して答《こた》えましょう。

2

(1) くまみたいに体《からだ》を丸《まる》めてうなっていたのは、だれでしたか。

(2) 豆太《まめた》が聞《き》いた㋐うなり声《ごえ》とは、だれの声《こえ》でしたか。○をつけましょう。

（　）くま　（　）じさま

(3) じさまは、どこで体《からだ》を丸《まる》めてうなっていましたか。○をつけましょう。

（　）豆太《まめた》のとなりの、ふとんの中《なか》。

（　）豆太《まめた》の頭《あたま》の上《うえ》の、まくら元《もと》。

モチモチの木《き》 (4)

名前

● 次《つぎ》の文章《ぶんしょう》を二回《にかい》読《よ》んで、答《こた》えましょう。

1

（豆太《まめた》は、真夜中《まよなか》に、じさまのうなり声《ごえ》で目《め》をさました。じさまは、まくら元《もと》で、体《からだ》を丸《まる》めてうなっていた。）

「㋐じさまっ。」

こわくて、びっくらして、
豆太《まめた》はじさまにとびついた。
[㋑]、じさまは、
ころりとたたみに転《ころ》げると、
歯《は》を食《く》いしばって、
ますますすごくうなるだけだ。

2

「医者様《いしゃさま》をよばなくっちゃ。」
豆太《まめた》は、小犬《こいぬ》みたいに
体《からだ》を丸《まる》めて、表戸《おもてど》を体《からだ》で
ふっとばして走《はし》りだした。

（令和二年度版　光村図書　国語三下　あおぞら　斎藤《さいとう》　隆介《りゅうすけ》）

1

(1) 「㋐じさまっ。」と言《い》ったときの豆太《まめた》は、どんな気持《きも》ちでしたか。二《ふた》つに○をつけましょう。

（　）こわい
（　）おかしい
（　）かなしい
（　）びっくり

(2) [㋑] にあてはまる言葉《ことば》を一《ひと》つえらんで○をつけましょう。

（　）そのため
（　）けれども
（　）ところで

2

(1) 豆太《まめた》は、何《なに》をしなくっちゃと考《かんが》えましたか。文章《ぶんしょう》の中《なか》の言葉《ことば》を書《か》き出《だ》しましょう。

（　　　）

(2) 豆太《まめた》は体《からだ》をどのようにして、表戸《おもてど》をふっとばしましたか。

体《からだ》を[　　]みたいに[　　]て、表戸《おもてど》を体《からだ》でふっとばした。

モチモチの木《き》 (5)

名前

● 次《つぎ》の文章《ぶんしょう》を二回《にかい》読《よ》んで、答《こた》えましょう。

1

（真夜中《まよなか》に、歯《は》を食《く》いしばってうなっているじさまを見《み》た豆太《まめた》は、医者様《いしゃさま》をよびに家《いえ》から走《はし》りだした。）

㋐ねまきのまんま。はだしで。
半道《はんみち》もあるふもとの
村《むら》まで――。
外《そと》はすごい星《ほし》で、月《つき》も
出《で》ていた。とうげの下《くだ》りの
坂道《さかみち》は、一面《いちめん》の真《ま》っ白《しろ》い霜《しも》で、
雪《ゆき》みたいだった。

※半道《はんみち》…やく二《に》キロメートル。

2

霜《しも》が足《あし》にかみついた。足《あし》からは
血《ち》が出《で》た。㋑豆太《まめた》は、なきなき
走《はし》った。いたくて、寒《さむ》くて、
こわかったからなあ。
でも、大《だい》すきなじさまの
死《し》んじまうほうが、
もっとこわかったから、
なきなきふもとの
医者様《いしゃさま》へ走《はし》った。

（令和二年度版　光村図書　国語三下　あおぞら　斎藤《さいとう》　隆介《りゅうすけ》）

1

(1) ㋐ねまきのまんま。はだしで。から、豆太《まめた》のどんな様子《ようす》が分《わ》かりますか。○をつけましょう。

（　）うなっているじさまのことをこわがっている様子《ようす》。

（　）じさまを心配《しんぱい》して、早《はや》く助《たす》けようとあわてている様子《ようす》。

(2) とうげの下《くだ》りの坂道《さかみち》は、どんな様子《ようす》でしたか。文章《ぶんしょう》の中《なか》から書《か》き出《だ》しましょう。

［　　　　］

2

(1) ㋑豆太《まめた》は、なきなき走《はし》ったとき、どんな気持《きも》ちでしたか。

［　　］くて、［　　］くて、［　　］かった。

(2) それでも豆太《まめた》がふもとの医者様《いしゃさま》へ走《はし》ったのは、なぜですか。

大《だい》すきなじさまの死《し》んじまうほうが、［　　　　］から。

モチモチの木《き》 (6)

名前

● 次《つぎ》の文章《ぶんしょう》を二回《にかい》読《よ》んで、答《こた》えましょう。

［豆太《まめた》は、なきなきふもとの医者様《いしゃさま》へ走《はし》った。］

これも、年《とし》よりじさまの医者様《いしゃさま》は、豆太《まめた》からわけを聞《き》くと、

㋐「おう、おう――。」

と言《い》って、

ねんねこばんてんに薬箱《くすりばこ》と豆太《まめた》をおぶうと、真夜中《まよなか》のとうげ道《みち》を、

㋑えっちら、おっちら、じさまの小屋《こや》へ上《のぼ》ってきた。

※ねんねこばんてん…赤《あか》ちゃんをせおうときに、赤《あか》ちゃんをつつむように着《き》る、わた入《い》りのはんてん。

※おぶう…せなかにのせる。おんぶする。

（令和二年度版　光村図書　国語三下　あおぞら　斎藤《さいとう》　隆介《りゅうすけ》）

(1) 医者様《いしゃさま》がどんな年《とし》ごろの人《ひと》か分《わ》かる言葉《ことば》があります。文中《ぶんちゅう》の言葉《ことば》六文字《ろくもじ》で答《こた》えましょう。

(2) ㋐の言葉《ことば》は、だれが言《い》った言葉《ことば》ですか。

(3) ㋑えっちら、おっちらとは、どんな様子《ようす》を表《あらわ》していますか。○をつけましょう。

（　）かろやかにさっさと歩《ある》く様子《ようす》。

（　）たいへんそうにゆっくり歩《ある》く様子《ようす》。

(4) 医者様《いしゃさま》が、小屋《こや》へ上《のぼ》ってくるとき、せなかにおんぶしてきたものは何《なん》ですか。二《ふた》つ書《か》きましょう。

モチモチの木《き》 (7)

● 次《つぎ》の文章《ぶんしょう》を二回《にかい》読《よ》んで、答《こた》えましょう。

名前

1

〔医者様《いしゃさま》は、薬箱《くすりばこ》と豆太《まめた》をせおって、真夜中《まよなか》のとうげ道《みち》を、じさまの小屋《こや》へ上《のぼ》ってきた。〕

とちゅうで、月《つき》が出《で》てるのに、雪《ゆき》がふり始《はじ》めた。この冬《ふゆ》はじめての雪《ゆき》だ。豆太《まめた》は、㋐そいつをねんねこの中《なか》から見《み》た。

そして、医者様《いしゃさま》のこしを、足《あし》でドンドンけとばした。じさまが、なんだか死《し》んじまいそうな気《き》がしたからな。

2

豆太《まめた》は、小屋《こや》へ入《はい》るとき、もう一《ひと》つ㋑ふしぎなものを見《み》た。

「モチモチの木《き》に、灯《ひ》がついている。」

（令和二年度版　光村図書　国語三下　あおぞら　斎藤《さいとう》　隆介《りゅうすけ》）

1

(1) 豆太《まめた》が見《み》た、㋐そいつとは、何《なん》のことですか。○をつけましょう。

（　）モチモチの木《き》。

（　）月《つき》が出《で》ているのにふり始《はじ》めたこの冬《ふゆ》はじめての雪《ゆき》。

(2) 豆太《まめた》が、医者様《いしゃさま》のこしを、足《あし》でドンドンけとばしたのは、どんな気《き》がしたからですか。

2

(1) 豆太《まめた》が、㋑ふしぎなものを見《み》たのは、どんなときでしたか。

(2) 豆太《まめた》がこの夜《よる》に見《み》た、㋑ふしぎなものとは、何《なん》でしたか。もう一《ひと》つの

（習《なら》っていない漢字《かんじ》は、ひらがなで書《か》きましょう。）

□がついた□。

モチモチの木《き》 (8)

名前

● 次《つぎ》の文章《ぶんしょう》を二回《にかい》読《よ》んで、答《こた》えましょう。

1

〔豆太《まめた》は、小屋《こや》へ入《はい》るとき、モチモチの木《き》に、灯《ひ》がついているのを見《み》た。〕

けれど、医者様《いしゃさま》は、
「あ、ほんとだ。
㋐まるで、灯《ひ》が
ついたようだ。
だども、あれは、とちの木《き》の
後《うし》ろにちょうど月《つき》が出《で》てきて、
えだの間《あいだ》に星《ほし》が光《ひか》ってるんだ。
そこに雪《ゆき》がふってるから、
明《あ》かりがついたように
見《み》えるんだべ。」
と言《い》って、小屋《こや》の中《なか》へ
入《はい》ってしまった。

2

だから、豆太《まめた》は、その後《あと》は
知《し》らない。㋑医者様《いしゃさま》のてつだいを
して、かまどに まきをくべたり、
湯《ゆ》をわかしたりなんだり（などして）、
いそがしかったからな。

※まきをくべる…たきぎを火《ひ》の中《なか》に入《い》れてもやす。

（令和二年度版　光村図書　国語三下　あおぞら　斎藤《さいとう》　隆介《りゅうすけ》）

1

(1) 医者様《いしゃさま》は、㋐まるで、灯《ひ》がついたようなモチモチの木《き》のことを、豆太《まめた》にどのようにせつめいしましたか。

木《き》の後《うし》ろに［　　］が出《で》てきて、
えだの間《あいだ》に［　　］が光《ひか》り、
そこに［　　］が、ふったため
明《あ》かりがついたように見《み》える。

(2) 医者様《いしゃさま》は、モチモチの木《き》に、明《あ》かりがついたと言《い》いましたか。
○をつけましょう。

（　）はい。ほんとうに灯《ひ》がついている。
（　）いいえ。そのように見《み》えるだけで、ほんとうは、ついていない。

2

豆太《まめた》がした、㋑医者様《いしゃさま》のてつだいとは、どんなことでしたか。
二《ふた》つ書《か》きましょう。

［　　　　］こと。

［　　　　］こと。

言葉《ことば》のたから箱《ばこ》(1)

（考《かんが》えや気《き》持《も》ちをつたえる言葉《ことば》）

名前

考《かんが》えや気《き》持《も》ちをつたえる言葉《ことば》の意味《いみ》や使《つか》い方《かた》をたしかめましょう。

(1) 次《つぎ》の言葉《ことば》と反対《はんたい》の意味《いみ》を表《あらわ》す言葉《ことば》を［　］からえらんで書《か》きましょう。

① 注意深《ちゅういぶか》い ↔ （うっかり）

② すなお ↔ （　　　）

③ いさましい ↔ （　　　）

［・おくびょう　・いじっぱり　・うっかり］

(2) 次《つぎ》の文《ぶん》を読《よ》んで、——線《せん》を引《ひ》いた言葉《ことば》の意味《いみ》にあうものに○をつけましょう。

① きょうは、とくべつ寒《さむ》い日《ひ》だ。

（　）いつもと同《おな》じ様子《ようす》。

（　）ふつうとはちがう様子《ようす》。

② ぼくのかいた絵《え》は、家族《かぞく》にこうひょうだった。

（　）ふまんがあること。

（　）ひょうばんがよいこと。

③ これは、どっしりした重《おも》みのある本《ほん》だ。

（　）十分《じゅうぶん》に重《おも》い様子《ようす》。

（　）よごれていなくて、気《き》持《も》ちがいい様子《ようす》。

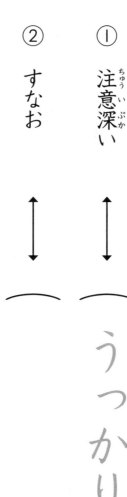

言葉《ことば》のたから箱《ばこ》⑵
（考《かんが》えや気持《きも》ちをつたえる言葉《ことば》）

名前

考《かんが》えや気持《きも》ちをつたえる言葉《ことば》の意味《いみ》や使《つか》い方《かた》をたしかめましょう。

⑴ 次《つぎ》の文《ぶん》を読《よ》んで、――線《せん》を引《ひ》いた言葉《ことば》の意味《いみ》にあうものに○をつけましょう。

① ねこが急《きゅう》に目《め》の前《まえ》を横切《よこぎ》って、ぎょっとした。

（　）思《おも》いがけないことが起《お》こって、おどろいた。

（　）ひどくこまった。

② いつのまにか新《あたら》しいビルがたっていて、わたしは目《め》をうたがった。

（　）心《こころ》が引《ひ》きつけられた。

（　）見《み》まちがいかと思《おも》うほど、しんじられなかった。

③ 兄《あに》は百《ひゃく》メートル走《そう》で一等《いっとう》になって、うちょうてんだ。

（　）とてもよろこんでいる様子《ようす》。

（　）思《おも》いがけないことに、おどろいている様子《ようす》。

⑵ 次《つぎ》の文《ぶん》の（　）にあてはまる言葉《ことば》を［　］からえらんで書《か》きましょう。

① 何時間《なんじかん》も歩《ある》きつづけて、わたしはすっかり（　　　　）。

② 学校《がっこう》の代表《だいひょう》にえらばれなくて、姉《あね》は（　　　　）。

③ 家《いえ》でねことゆったりすごすと、心《こころ》が（　　　　）。

・なごんだ　・くたびれた　・気落《きお》ちした

「なごむ」「くたびれる」「気落《きお》ちする」は、どれも、そのときの気持《きも》ちをつたえる言葉《ことば》だね。

4頁

あおぞら

名前

● 次《つぎ》の詩《し》を二回《にかい》読《よ》んで、答《こた》えましょう。

あおぞら

㋐空《そら》がまぶしい、
このわたしの上《うえ》に。
あそこの牛《うし》の上《うえ》に。
あの山《やま》の上《うえ》で生《い》きている
一本松《いっぽんまつ》の上《うえ》に。
みんなおんなじに
青《あお》く青《あお》くすんで……。

※すんで（すんだ）…にごりやくもりがなく、きれいな、すきとおった。

（令和二年度版　光村図書　国語三下　あおぞら　まど・みちお）

(1) ㋐空《そら》がまぶしいとありますが、「わたし」は、どこに広《ひろ》がるまぶしい空《そら》を見《み》ていますか。じゅんに、三《みっ》つ書《か》きましょう。
（ならっていない漢字《かんじ》は、ひらがなで書《か》きましょう。）


［このわたし］の上《うえ》に。

［あそこの牛］の上《うえ》に。

［あの山の上で生きている一本松］の上《うえ》に。

(2) 詩《し》に書《か》かれている空《そら》は、どんな様子《ようす》ですか。二《ふた》つに○をつけましょう。

（○）まぶしいくらい、晴《は》れた空《そら》。

（　）少《すこ》しくもった空《そら》。

（○）遠《とお》くまで、青《あお》くきれいに晴《は》れた空《そら》。

5頁

ちいちゃんのかげおくり (1)

名前

● 次《つぎ》の文章《ぶんしょう》を二回《にかい》読《よ》んで、答《こた》えましょう。

1

「かげおくり」って遊《あそ》びをちいちゃんに教《おし》えてくれたのは、お父《とう》さんでした。

出征《しゅっせい》する前《まえ》の日《ひ》、お父《とう》さんは、ちいちゃん、お兄《にい》ちゃん、お母《かあ》さんをつれて、先祖《せんぞ》のはかまいりに行《い》きました。

※出征《しゅっせい》…へいたいになって、ぐんたいに入《はい》り、いくさ（せんそう）に行《い》くこと。

2

㋐その帰《かえ》り道《みち》、青《あお》い空《そら》を見上《みあ》げたお父《とう》さんが、つぶやきました。

「㋑かげおくりのよくできそうな空《そら》だなあ。」

「えっ、かげおくり。」

と、お兄《にい》ちゃんがきき返《かえ》しました。

「かげおくりって、なあに。」

と、ちいちゃんもたずねました。

（令和二年度版　光村図書　国語三下　あおぞら　あまん　きみこ）

1

(1) 「かげおくり」という遊《あそ》びをちいちゃんに教《おし》えてくれたのは、だれでしたか。

［お父さん］

(2) お父《とう》さんが、ちいちゃんたちをつれて、先祖《せんぞ》のはかまいりに行《い》ったのは、どんな日《ひ》でしたか。一《ひと》つに○をつけましょう。

（○）出征《しゅっせい》する前《まえ》の日《ひ》。

（　）出征《しゅっせい》する日《ひ》。

（　）出征《しゅっせい》して帰《かえ》って来《き》た日《ひ》。

2

(1) ㋐その帰《かえ》り道《みち》とは、何《なん》の帰《かえ》り道《みち》ですか。

［（先祖の）はかまいり（に行った帰り道）］

(2) ㋑かげおくりのよくできそうな空《そら》とは、どんな空《そら》のことですか。文章《ぶんしょう》の中《なか》から三文字《さんもじ》で書《か》き出《だ》しましょう。

［青］［い］［空］

6頁

ちいちゃんのかげおくり (2)

名前

● 次《つぎ》の文章《ぶんしょう》を二回《にかい》読《よ》んで、答《こた》えましょう。

1

［「かげおくりって、なあに。」と、ちいちゃんがたずねました。］

「十《とお》、数《かぞ》える間《あいだ》、かげぼうしをじっと見《み》つめるのさ。十《とお》、と言《い》ったら、空《そら》を見上《みあ》げる。するとかげぼうしがそっくり空《そら》にうつって見《み》える。」

と、お父《とう》さんがせつめいしました。

2

㋐「父《とう》さんや母《かあ》さんが子《こ》どものときに、よく遊《あそ》んだものさ。」
㋑「ね。今《いま》、みんなでやってみましょうよ。」
と、お母《かあ》さんが横《よこ》から言《い》いました。
ちいちゃんとお兄《にい》ちゃんを中《なか》にして、四人《よにん》は手《て》をつなぎました。そして、みんなで、かげぼうしに㋒目《め》を落《お》としました。

（令和二年度版　光村図書　国語三下　あおぞら　あまん　きみこ）

1

(1) 「かげおくり」のやり方《かた》についてせつめいしたのは、だれですか。

［お父さん］

(2) 「かげおくり」のやり方《かた》のじゅんばんどおりになるように、1〜3の番号《ばんごう》を書《か》きましょう。

（1）一《いち》から十《とお》まで数《かぞ》える間《あいだ》、かげぼうしをじっと見《み》つめる。
（2）空《そら》を見上《みあ》げる。
（3）空《そら》にかげぼうしがうつって見《み》える。

2

(1) ㋐㋑の言葉《ことば》は、だれが言《い》った言葉《ことば》ですか。

㋐［お父さん］
㋑［お母さん］

(2) ㋒「目《め》を落《お》とす」の意味《いみ》に合《あ》うものを一《ひと》つえらんで、○をつけましょう。

（　）じっと見《み》つめる。

（○）下《した》の方《ほう》を見《み》る。

（　）見上《みあ》げる。

7頁

ちいちゃんのかげおくり (3)

名前

● 次《つぎ》の文章《ぶんしょう》を二回《にかい》読《よ》んで、答《こた》えましょう。

1

［かげおくりをしようと、手《て》をつないだ四人《よにん》は、かげぼうしに目《め》を落《お》とし、十《とお》まで数《かぞ》えています。］

「とお。」

㋐目《め》の動《うご》きといっしょに、白《しろ》い四《よっ》つのかげぼうしが、すうっと空《そら》に上《あ》がりました。

「すごうい。」

と、お兄《にい》ちゃんが言《い》いました。

「すごうい。」

と、ちいちゃんも言《い》いました。

「㋑今日《きょう》の記念写真《きねんしゃしん》だなあ。」

と、お父《とう》さんが言《い》いました。

「大《おお》きな記念写真《きねんしゃしん》だこと。」

と、お母《かあ》さんが言《い》いました。

2

次《つぎ》の日《ひ》、お父《とう》さんは、白《しろ》いたすきをかたからななめにかけ、日《ひ》の丸《まる》のはたに送《おく》られて、列車《れっしゃ》に乗《の》りました。

「体《からだ》の弱《よわ》いお父《とう》さんまで、いくさに行《い》かなければならないなんて。」

お母《かあ》さんがぽつんと言《い》ったのが、ちいちゃんの耳《みみ》には聞《き》こえました。


（令和二年度版　光村図書　国語三下　あおぞら　あまん　きみこ）

1

(1) ㋐目《め》の動《うご》きといっしょにとありますが、十《とお》まで数《かぞ》えた後《あと》、四人《よにん》の目《め》は、どのように動《うご》きましたか。○をつけましょう。

（　）下《した》を向《む》いたままだった。

（○）下《した》から上《うえ》へ向《む》きをかえた。

(2) 目《め》の動《うご》きといっしょに、すうっと空《そら》に上《あ》がったのは、何《なん》でしたか。

［白い四つのかげぼうし］

(3) ㋑今日《きょう》の記念写真《きねんしゃしん》とは、何《なん》のことですか。○をつけましょう。

（　）かげおくりがうまくできた記念《きねん》にとった写真《しゃしん》のこと。

（○）空《そら》にうつった、白《しろ》い四《よっ》つのかげぼうしのこと。

2

(1) 次《つぎ》の日《ひ》、お父《とう》さんは、何《なに》に乗《の》りましたか。

［列車］

(2) お父《とう》さんは、何《なん》のために列車《れっしゃ》に乗《の》ったのですか。

［いくさ］に行《い》くため。

8頁

ちいちゃんのかげおくり (4)

名前

● 次《つぎ》の文章《ぶんしょう》を二回《にかい》読《よ》んで、答《こた》えましょう。

1

ちいちゃんとお兄《にい》ちゃんは、
かげおくりをして
遊《あそ》ぶようになりました。
ばんざいをしたかげおくり。
かた手《て》をあげたかげおくり。
足《あし》を開《ひら》いたかげおくり。
いろいろなかげを空《そら》に
送《おく》りました。

2

なって、㋐、いくさがはげしく
㋑かげおくりなど
できなくなりました。
この町《まち》の空《そら》にも、
しょういだんやばくだんを
つんだひこうきが、とんでくる
ようになりました。
そうです。広《ひろ》い空《そら》は、
楽《たの》しい所《ところ》ではなく、
とてもこわい所《ところ》に
かわりました。

※しょういだん…たてものをやきはらうために
作《つく》られたばくだん。

（令和二年度版　光村図書　国語三下　あおぞら　あまん　きみこ）

1

ちいちゃんとお兄《にい》ちゃんは、かげおくりで、どんなかげを空《そら》に送《おく》りましたか。三《みっ》つ書《か》きましょう。

〔ばんざいをした〕かげ。

〔かた手をあげた〕かげ。

〔足を開いた〕かげ。

2

(1) ㋐にあてはまる言葉《ことば》を一《ひと》つえらんで、○をつけましょう。

（　）だから
（○）けれど
（　）また

(2) ㋑かげおくりなどできなくなったのは、どうしてですか。○をつけましょう。

（○）いくさがはげしくなったから。
（　）かげおくりのやり方《かた》をわすれてしまったから。

(3) しょういだんやばくだんをつんだひこうきが、とんでくるようになって、広《ひろ》い空《そら》は、どんな所《ところ》にかわりましたか。

〔とてもこわい所〕

9頁

ちいちゃんのかげおくり (5)

名前

● 次《つぎ》の文章《ぶんしょう》を二回《にかい》読《よ》んで、答《こた》えましょう。

1

夏《なつ》のはじめのある夜《よ》、
くうしゅうけいほうの
サイレンで、ちいちゃんたちは
目《め》がさめました。
㋐「さあ、急《いそ》いで。」
お母《かあ》さんの声《こえ》。
外《そと》に出《で》ると、もう、赤《あか》い火《ひ》が、
あちこちに上《あ》がっていました。

※くうしゅうけいほう…てきのひこうきによる
こうげきを知《し》らせる合図《あいず》。

2

お母《かあ》さんは、
ちいちゃんと
お兄《にい》ちゃんを
両手《りょうて》につないで、
走《はし》りました。
風《かぜ》の強《つよ》い日《ひ》でした。
「こっちに火《ひ》が回《まわ》るぞ。」
「川《かわ》の方《ほう》ににげるんだ。」
だれかがさけんでいます。

（令和二年度版　光村図書　国語三下　あおぞら　あまん　きみこ）

1

(1) ちいちゃんたちは、何《なん》の音《おと》で、目《め》がさめましたか。

〔くうしゅうけいほうのサイレン〕

(2) ㋐「さあ、急《いそ》いで。」とは、急《いそ》いで何《なに》をするのですか。一《ひと》つに○をつけましょう。

（　）かげおくりをする。
（　）火《ひ》をけす。
（○）外《そと》に出《で》て、にげる。

2

(1) お母《かあ》さんは、だれと手《て》をつないで走《はし》りましたか。二人《ふたり》書《か》きましょう。

〔ちいちゃん〕

〔お兄ちゃん〕

(2) どんな日《ひ》のことでしたか。

〔風の強い日〕

10頁

ちいちゃんのかげおくり (6)

名前

● 次《つぎ》の文章《ぶんしょう》を二回《にかい》読《よ》んで、答《こた》えましょう。

1

〔赤《あか》い火《ひ》があちこちに上《あ》がっている中《なか》で、お母《かあ》さんは、ちいちゃんとお兄《にい》ちゃんを両手《りょうて》につないで、走《はし》ってにげています。〕

風《かぜ》があつくなってきました。
ほのおのうずが
追《お》いかけてきます。
お母《かあ》さんは、ちいちゃんを
だき上《あ》げて走《はし》りました。

2

㋐「お兄《にい》ちゃん、はぐれちゃ
だめよ。」
お兄《にい》ちゃんがころびました。
足《あし》から血《ち》が出《で》ています。
ひどいけがです。お母《かあ》さんは、
お兄《にい》ちゃんをおんぶしました。

（令和二年度版　光村図書　国語三下　あおぞら　あまん　きみこ）

1

(1) ちいちゃんたちに、火《ひ》が近《ちか》づいてきたことが分《わ》かる文《ぶん》を、文章《ぶんしょう》の中《なか》から二《ふた》つ書《か》き出《だ》しましょう。

〔風があつくなって〕きました。

〔ほのおのうずが追いかけて〕きます。

(2) 火《ひ》が近《ちか》づいてきて、お母《かあ》さんは、どのようにして走《はし》りましたか。

ちいちゃんを〔だき上げて〕走《はし》った。

2

(1) ㋐の言葉《ことば》は、だれが言《い》った言葉《ことば》ですか。

〔お母さん〕

(2) お母《かあ》さんは、ひどいけがをしたお兄《にい》ちゃんをどのようにしましたか。○をつけましょう。

（　）だき上《あ》げた。
（○）おんぶした。

11頁

ちいちゃんのかげおくり (7)

名前

● 次《つぎ》の文章《ぶんしょう》を二回《にかい》読《よ》んで、答《こた》えましょう。

1

〔お兄《にい》ちゃんは、ころんでひどいけがをしました。お母《かあ》さんは、お兄《にい》ちゃんをおんぶしました。〕

㋐「さあ、ちいちゃん、母《かあ》さんと
しっかり走《はし》るのよ。」
けれど、
たくさんの人《ひと》に
追《お》いぬかれたり、
ぶつかったり――、
ちいちゃんは、お母《かあ》さんと
㋑はぐれました。

2

㋒「お母《かあ》ちゃん、お母《かあ》ちゃん。」
ちいちゃんはさけびました。
そのとき、知《し》らない
おじさんが言《い》いました。
「お母《かあ》ちゃんは、後《あと》から
来《く》るよ。」
そのおじさんは、ちいちゃんを
だいて走《はし》ってくれました。

（令和二年度版　光村図書　国語三下　あおぞら　あまん　きみこ）

1

(1) ㋐の言葉《ことば》は、だれが言《い》った言葉《ことば》ですか。

〔お母さん〕

(2) ㋑「はぐれる」の意味《いみ》に合《あ》う方《ほう》に○をつけましょう。

（○）はなれて見《み》えなくなってしまう。
（　）ぴったりとくっついている。

2

(1) ㋒「お母《かあ》ちゃん、お母《かあ》ちゃん。」とさけんでいるときのちいちゃんは、どんな様子《ようす》だと考《かんが》えられますか。○をつけましょう。

（　）そばにいるお母《かあ》さんに、大《おお》きな声《こえ》で話《はな》しかける様子《ようす》。
（○）見《み》えなくなったお母《かあ》さんを、いっしょうけんめいさがす様子《ようす》。

(2) ちいちゃんをだいて走《はし》ってくれたのは、どんな人《ひと》ですか。

〔知らない〕おじさん。

12頁

ちいちゃんのかげおくり (8)

名前

● 次《つぎ》の文章《ぶんしょう》を二回《にかい》読《よ》んで、答《こた》えましょう。

1

暗《くら》い橋《はし》の下《した》に、たくさんの人《ひと》が集《あつ》まっていました。㋐ちいちゃんの目《め》に、お母《かあ》さんらしい人《ひと》が見《み》えました。

「㋑お母《かあ》ちゃん。」

と、ちいちゃんがさけぶと、おじさんは、

「見《み》つかったかい。よかった、よかった。」

と下《お》ろしてくれました。

2

㋒、その人《ひと》は、お母《かあ》さんではありませんでした。

ちいちゃんは、ひとりぼっちになりました。ちいちゃんは、たくさんの人《ひと》たちの中《なか》でねむりました。

（令和二年度版　光村図書　国語三下　あおぞら　あまん　きみこ）

1

(1) どんな所《ところ》に、たくさんの人《ひと》が集《あつ》まっていましたか。

暗い橋の下

(2) ㋐ちいちゃんの目《め》に、何《なに》が見《み》えましたか。

お母さんらしい人

(3) ㋑「お母《かあ》ちゃん。」とさけんだときのちいちゃんは、どんな様子《ようす》だと考《かんが》えられますか。〇をつけましょう。

（〇）お母《かあ》さんが見《み》つかったと思《おも》い、よびかけている。

（　）お母《かあ》さんがいなくて、ないている。

2

(1) ㋒にあてはまる言葉《ことば》に〇をつけましょう。

（　）また

（〇）でも

(2) 知《し》っている人《ひと》がだれもいないちいちゃんの様子《ようす》を表《あらわ》している言葉《ことば》を、文章《ぶんしょう》の中《なか》から六文字《ろくもじ》で答《こた》えましょう。

ひとりぼっち

13頁

修飾語《しゅうしょくご》を使《つか》って書《か》こう 主語《しゅご》・述語《じゅつご》（ふくしゅう） (1)

名前

・（だれは）おじいちゃんは　（どうした）わらった。

・（何《なに》が）かばんが　（どんなだ）おもい。

・（何《なに》は）ぶどうは　（なんだ）くだものだ。

上《うえ》の文章《ぶんしょう》の ―― 線《せん》が 主語《しゅご》、〜〜 線《せん》が 述語《じゅつご》です。

● 次《つぎ》の文《ぶん》の、主語《しゅご》と述語《じゅつご》を書《か》きましょう。

① 船《ふね》は、ゆっくりと すすむ。

主語《しゅご》（何《なに》は） 船は

述語《じゅつご》（どうした） すすむ

② 声《こえ》が、とても きれいだ。

主語《しゅご》（何《なに》が） 声が

述語《じゅつご》（どんなだ） きれいだ

③ お父《とう》さんは、中学校《ちゅうがっこう》の 先生《せんせい》だ。

主語《しゅご》（だれは） お父さんは

述語《じゅつご》（なんだ） 先生だ

14頁

修飾語《しゅうしょくご》を使《つか》って書《か》こう 主語《しゅご》・述語《じゅつご》（ふくしゅう） (2)

名前

● 次《つぎ》の文《ぶん》の主語《しゅご》と述語《じゅつご》を書《か》きましょう。

① わたしは、動物園《どうぶつえん》へ 行《い》きました。

主語《しゅご》（だれは） わたしは

述語《じゅつご》（どうした） 行きました

② 電車《でんしゃ》は、べんりな 乗《の》り物《もの》だ。

主語《しゅご》（何《なに》は） 電車は

述語《じゅつご》（なんだ） 乗り物だ

③ 友《とも》だちが、午後三時《ごごさんじ》に 来《き》た。

主語《しゅご》（だれが） 友だちが

述語《じゅつご》（どうした） 来た

④ 妹《いもうと》の ぼうしは、小《ち》さい。

主語《しゅご》（何《なに》は） ぼうしは

述語《じゅつご》（どんなだ） 小さい

⑤ きのう、ぼくたちは、遊《あそ》んだ。

主語《しゅご》（だれは） ぼくたちは

述語《じゅつご》（どうした） 遊んだ

主語《しゅご》は、文《ぶん》の中《なか》で、「何《なに》が」「何《なに》は」「だれが」「だれは」に当《あ》たる言葉《ことば》だから、「〇〇は」「〇〇が」という言葉《ことば》をさがしてみよう。述語《じゅつご》は、「どうした（どうする）」「どんなだ」「なんだ」に当《あ》たる言葉《ことば》だよ。

15頁

修飾語《しゅうしょくご》を使《つか》って書《か》こう 主語《しゅご》・述語《じゅつご》（ふくしゅう） (3)

名前

● 次《つぎ》の文《ぶん》の主語《しゅご》を書《か》きましょう。

① 花《はな》が、たくさん さきました。 花が

② 先生《せんせい》は、とても やさしい。 先生は

③ 小《ち》さな 鳥《とり》が、鳴《な》く。 鳥が

④ 夜空《よぞら》の 星《ほし》が、きらきら 光《ひか》る。 星が

⑤ 学校《がっこう》で、運動会《うんどうかい》が あった。 運動会が

⑥ きょうは、ぼくの 妹《いもうと》の たんじょう日《び》です。 きょうは

⑦ きのう、わたしは、手紙《てがみ》を 書《か》いた。 わたしは

⑧ 二時間目《にじかんめ》に 算数《さんすう》の テストが ありました。 テストが

主語《しゅご》とは、文《ぶん》の中《なか》で、「何《なに》が」「何《なに》は」「だれが」「だれは」に当《あ》たる言葉《ことば》です。「が」や「は」のついている言葉《ことば》をさがしてみよう。

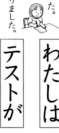

16頁

修飾語を使って書こう
主語・述語（ふくしゅう）(4)
名前

● 次《つぎ》の文《ぶん》の述語《じゅつご》を書《か》きましょう。

① さるが、かきを　食べました。　食べました

② おじいちゃんは、とても　元気だ。　元気だ
③ 弟は、公園で　遊んだ。　遊んだ
④ 妹は、まだ　五才です。　五才です

⑤ にわに　大きな　木が　ある。　ある
⑥ お姉さんの　かく　絵は　すばらしい。　すばらしい

⑦ きのう、わたしは、本を　買った。　買った
⑧ 六本あしの　てんとう虫は、こん虫だ。　こん虫だ

16

17頁

修飾語を使って書こう
修飾語 (1)
名前

① 主語 ぞうが　→　述語 歩きます。
② （どんな）大きな　ぞうが　歩きます。
③ 大きな　ぞうが　（どのように）ゆっくりと　歩きます。

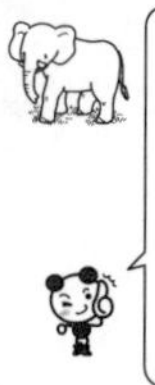
「どんな」や「どのように」のように、文の意味をくわしくする言葉を、修飾語といいます。①→②→③のように、主語や述語に修飾語をつけ足すことで、その様子がだんだんと分かりやすい文になっています。

● 次の文の、主語、述語、修飾語を書きましょう。

① 花が、たくさん　さいた。
主語　花が
修飾語　（どのくらい）たくさん
述語　さいた

この文では、修飾語が、述語の「さいた」に係って、述語の意味をくわしくしています。

② ぼくのかばんは、おもい。
主語　かばんは
修飾語　（だれの）ぼくの
述語　おもい

この文では、修飾語が、主語の「かばんは」に係って、主語の意味をくわしくしています。

17

18頁

修飾語を使って書こう
修飾語 (2)
名前

● 次の文の□に、主語の意味をくわしくする修飾語を、□からえらんで書きましょう。

① 赤ちゃんが　ねむる。　→　（どんな）かわいい　赤ちゃんが　ねむる。

② 風船が　とんで　いく。　→　（だれの）弟の　風船が　とんで　いく。

③ プールは、大きい。　→　（どこの）学校の　プールは、大きい。
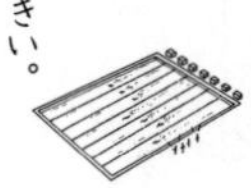
④ 夕食は、カレーライスだった。　→　（いつの）きのうの　夕食は、カレーライスだった。

・きのうの
・学校の
・かわいい
・弟の

18

19頁

修飾語を使って書こう
修飾語 (3)
名前

● 次の文の□に、述語の意味をくわしくする修飾語を、□からえらんで書きましょう。

① 星が　光る。　→　星が　（どのように）きらきら　光る。

② わたしは、食べる。　→　わたしは、（何を）いちごを　食べる。

③ ぼくたちは、会った。　→　ぼくたちは、（どこで）公園で　会った。

④ 魚が　泳いで　いる。　→　魚が　（どのくらい）いっぱい　泳いで　いる。

・公園で
・きらきら
・いっぱい
・いちごを

19

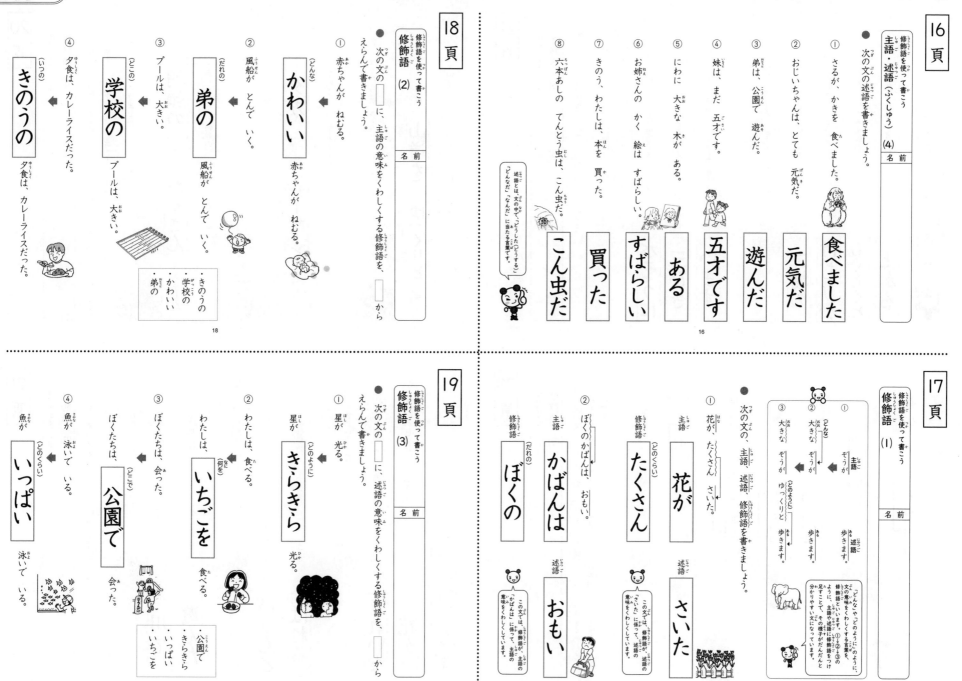

20頁

修飾語《しゅうしょくご》を使《つか》って書《か》こう
修飾語《しゅうしょくご》 (4)
名前

● 次《つぎ》の文《ぶん》に修飾語《しゅうしょくご》をくわえて、文《ぶん》をくわしくします。□にあてはまる言葉《ことば》を□からえらんで書《か》きましょう。

① 花《はな》が、さきました。
→ (何《なん》の) 朝顔の 花《はな》が、(どのくらい) たくさん さきました。
・あした　・朝顔《あさがお》の　・たくさん

② 雨《あめ》が、ふった。
→ (いつ) 夕方、雨《あめ》が、(どのように) ザーザーと ふった。
・学校《がっこう》で　・ザーザーと　・夕方《ゆうがた》

③ ぼくたちは、歩《ある》く。
→ ぼくたちは、(どこを) 山道を (どのように) ゆっくりと 歩《ある》く。
・山道《やまみち》を　・いつも　・ゆっくりと

21頁

修飾語《しゅうしょくご》を使《つか》って書《か》こう
修飾語《しゅうしょくご》 (5)
名前

● 次《つぎ》の文《ぶん》の修飾語《しゅうしょくご》について、問題《もんだい》に答《こた》えましょう。

(1) わたしたちは、川《かわ》で 遊《あそ》んだ。

① 「どこで」を表《あらわ》す修飾語《しゅうしょくご》を書《か》きましょう。
川で

② ①の修飾語《しゅうしょくご》は、どの言葉《ことば》に係《かか》っていますか。
遊んだ

(2) うさぎが、ぴょんと はねる。

① 「どのように」を表《あらわ》す修飾語《しゅうしょくご》を書《か》きましょう。
ぴょんと

② ①の修飾語《しゅうしょくご》は、どの言葉《ことば》に係《かか》っていますか。
はねる

(3) きれいな 花《はな》が さいた。

① 「どのような」を表《あらわ》す修飾語《しゅうしょくご》を書《か》きましょう。
きれいな

② ①の修飾語《しゅうしょくご》は、どの言葉《ことば》に係《かか》っていますか。
花が

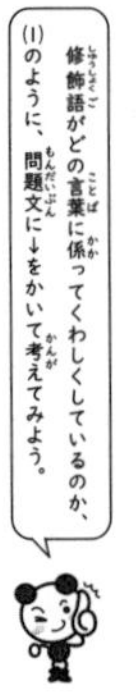

22頁

修飾語《しゅうしょくご》を使《つか》って書《か》こう
修飾語《しゅうしょくご》 (6)
名前

● 次《つぎ》の文《ぶん》の修飾語《しゅうしょくご》について、問題《もんだい》に答《こた》えましょう。

(1) 水《すい》そうに、金魚《きんぎょ》が 三《さん》びき います。

① 「どこに」を表《あらわ》す修飾語《しゅうしょくご》を書《か》きましょう。
水そうに

② 「どのくらい」を表《あらわ》す修飾語《しゅうしょくご》を書《か》きましょう。
三びき

③ ①と②の修飾語《しゅうしょくご》は、どの言葉《ことば》に係《かか》っていますか。
います

(2) 工場《こうじょう》の けむりが もくもくと 上《あ》がる。

① 「どこの」を表《あらわ》す修飾語《しゅうしょくご》を書《か》きましょう。
工場の

② ①の修飾語《しゅうしょくご》は、どの言葉《ことば》に係《かか》っていますか。
けむりが

③ 「どのように」を表《あらわ》す修飾語《しゅうしょくご》を書《か》きましょう。
もくもくと

④ ③の修飾語《しゅうしょくご》は、どの言葉《ことば》に係《かか》っていますか。
上がる

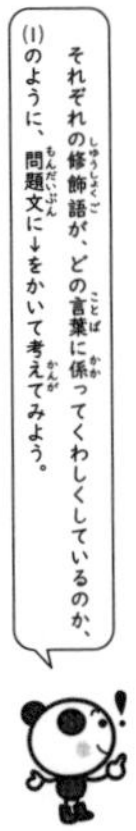

23頁

修飾語《しゅうしょくご》を使《つか》って書《か》こう
修飾語《しゅうしょくご》 (7)
名前

● 次《つぎ》の文《ぶん》で〰〰線《せん》を引《ひ》いた言葉《ことば》（修飾語《しゅうしょくご》）は、どの言葉《ことば》をくわしくしていますか。〈れい〉のように、言葉《ことば》に——線《せん》を引《ひ》き、矢《や》じるし（↓）をかきましょう。

〈れい〉 小《ちい》さい 花《はな》が さいた。

① 青《あお》い 空が きれいだ。

② ぼくたちは、校《こう》ていで 遊んだ。

③ 赤《あか》ちゃんが よちよちと 歩く。

④ お母《かあ》さんは、ようち園《えん》の 先生です。

⑤ となり町《まち》の 図書館は、大《おお》きい。

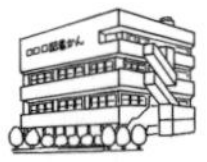

⑥ わたしは、りんごを 買いました。

本書の解答は，あくまでもひとつの例です。児童に取り組ませる前に，必ず指導される方が問題を解いてください。指導される方の作られた解答をもとに，児童の多様な考えに寄り添って○つけをお願いします。

24頁

修飾語《しゅうしょくご》を使《つか》って書《か》こう (8)

名前

● 次《つぎ》の文《ぶん》で〜〜線《せん》を引《ひ》いた言葉《ことば》(修飾語《しゅうしょくご》)は、どの言葉《ことば》をくわしくしていますか。〈れい〉のように、言葉《ことば》に――線《せん》を引《ひ》き、矢《や》じるし(↓)をかきましょう。

〈れい〉ぼくは、ジュースを　ごくごくと　のんだ。

① お兄《にい》さんは、日曜日《にちようび》に、山《やま》に　登《のぼ》りました。

② 弟《おとうと》は、公園《こうえん》で　どんぐりを　拾《ひろ》った。

③ 白《しろ》い　ぼうしは、わたしの　お気《き》に入《い》りだ。

④ 魚《さかな》が　すいすいと　海《うみ》を　泳《およ》ぐ。

⑤ 大《おお》きな　雲《くも》が、空《そら》に　うかぶ。

⑥ きのう、ぼくは、えいがを　見《み》ました。

25頁

修飾語《しゅうしょくご》を使《つか》って書《か》こう (9)

名前

● 次《つぎ》の文《ぶん》で〜〜線《せん》を引《ひ》いた二《ふた》つの言葉《ことば》(修飾語《しゅうしょくご》)は、それぞれどの言葉《ことば》をくわしくしていますか。〈れい〉のように、言葉《ことば》に――線《せん》を引《ひ》き、矢《や》じるし(↓)をかきましょう。

〈れい〉
㋐ かわいい　うさぎが、えさを　食《た》べる。
㋑ わたしは、妹《いもうと》に　おり紙《がみ》を　あげた。

① 二《に》ひきの　ちょうが、ひらひらと　とぶ。

② ぼくの　お姉《ねえ》さんは、友《とも》だちと　出《で》かけた。

③ トマトの　実《み》が　たくさん　とれました。

④ 算数《さんすう》の　テストは、とても　むずかしかった。

⑤ ぼくは、きょう、えんぴつを　買《か》った。

⑥ おじいさんの　古《ふる》い　時計《とけい》が　こわれた。

26頁

修飾語《しゅうしょくご》を使《つか》って書《か》こう (10)

名前

● 次《つぎ》の文《ぶん》に修飾語《しゅうしょくご》をくわえ、文《ぶん》をくわしくして書《か》きなおしましょう。

(1) 妹《いもうと》が、ないている。

① 「ぼくの」という言葉《ことば》を、くわえる。

(れい) ぼくの妹が、ないている。

② ①の文《ぶん》に「大《おお》きな声《こえ》で」という言葉《ことば》を、くわえる。

(れい) ぼくの妹が、大きな声でないている。

(2) 風《かぜ》が、ふく。

① 「さわやかな」という言葉《ことば》を、くわえる。

(れい) さわやかな風が、ふく。

② ①の文《ぶん》に「草原《そうげん》に」という言葉《ことば》を、くわえる。

(れい) さわやかな風が、草原にふく。

(または) 草原に、さわやかな風が、ふく。

③ ②の文《ぶん》に「そよそよと」という言葉《ことば》を、くわえる。

(れい) さわやかな風が、そよそよと草原にふく。

(または) 草原に、さわやかな風が、そよそよとふく。　など

27頁

きせつの言葉《ことば》3　秋《あき》のくらし (1)

名前

● 次《つぎ》の歌《うた》を二回《にかい》読《よ》んで、答《こた》えましょう。

虫《むし》の声《こえ》　(文部省唱歌《もんぶしょうしょうか》)

あれ松虫《まつむし》が　鳴《な》いている
ちんちろ　ちんちろ
ちんちろりん
あれ鈴虫《すずむし》も　鳴《な》き出《だ》した
りんりんりんりん
りいんりん
秋《あき》の夜長《よなが》を　㋐鳴《な》き通《とお》す
ああおもしろい　虫《むし》の声《こえ》

※夜長…夏のころにくらべて、夜が長いこと。

(令和二年度版　光村図書　国語三下　あおぞら「秋のくらし」による)

(1) 松虫《まつむし》は、どんな鳴《な》き声《ごえ》で鳴《な》いていますか。歌《うた》の中《なか》から書《か》き出《だ》しましょう。

ちんちろ　ちんちろ　ちんちろりん

(2) 鈴虫《すずむし》は、どんな鳴《な》き声《ごえ》で鳴《な》き出《だ》しましたか。○をつけましょう。

( ) ちんちろ　ちんちろ　ちんちろりん

(○) りんりんりんりん　りいんりん

(3) ㋐鳴《な》き通《とお》すの意味《いみ》にあてはまる方《ほう》に、○をつけましょう。

(○) ずっと鳴《な》きつづけている。

( ) 鳴《な》きながら、草《くさ》むらを通《とお》って行《い》く。

(4) 虫《むし》の声《こえ》を聞《き》いて、どんな気《き》もちですか。歌《うた》の中《なか》から七文字《ななもじ》で書《か》き出《だ》しましょう。

ああおもしろい

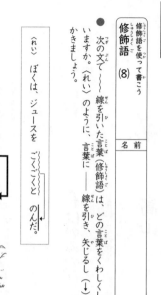

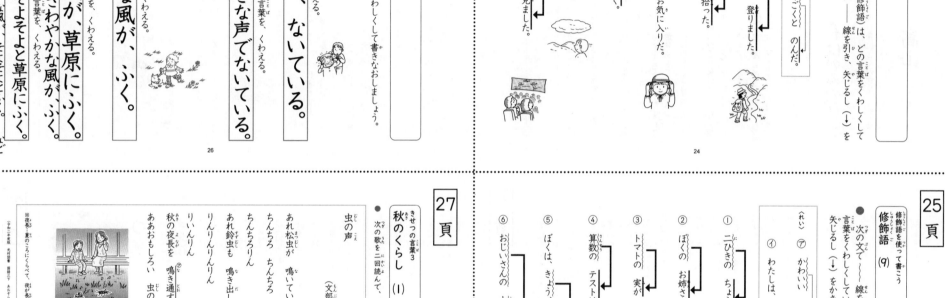

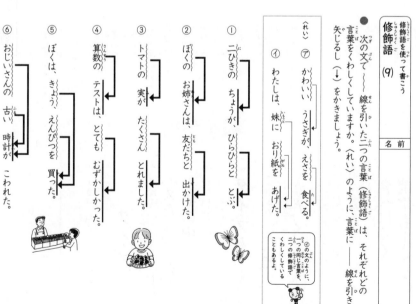

28頁

きせつの言葉《ことば》3

秋《あき》のくらし (2)

名前

秋《あき》とは、九月《くがつ》、十月《じゅうがつ》、十一月《じゅういちがつ》ごろのきせつです。

(1) 「○○の秋《あき》」という言《い》い方《かた》にあてはまるものを二《ふた》つえらんで、○をつけましょう。

(○)しょくよくの秋《あき》　( )たねまきの秋《あき》

( )花見《はなみ》の秋《あき》　(○)スポーツの秋《あき》

(2) 秋《あき》は、いろいろな食《た》べ物《もの》がゆたかに実《みの》り、「しゅうかくのきせつ」といわれます。秋《あき》を感《かん》じられる食《た》べ物《もの》を四《よっ》つえらんで、○をつけましょう。

(○)さつまいも　(○)かき

(○)新米《しんまい》　( )すいか

( )たけのこ　(○)くり

( )よもぎ　( )とうもろこし

(3) 秋《あき》にかんけいのある、次《つぎ》の言葉《ことば》の読《よ》みがなを( )に書《か》きましょう。また、言葉《ことば》にあてはまるせつめいを──線《せん》でむすびましょう。

① (よなが) 夜長 ── 夏《なつ》にくらべて夜《よる》が長《なが》くなっていることや、そう感《かん》じられること。

② (つきよ) 月夜 ── 月《つき》が明《あか》るくかがやく夜《よる》のこと。

③ (むしのね) 虫の音 ── 虫《むし》の鳴《な》き声《ごえ》のこと。

28

29頁

はんで意見《いけん》をまとめよう (1)

名前

教科書《きょうかしょ》の「はんで意見《いけん》をまとめよう」を読《よ》んで、答《こた》えましょう。

(1) 次《つぎ》の、話《はな》し合《あ》いの役《やく》わりの中《なか》で、話《はな》し合《あ》いを進《すす》める人《ひと》のことを、何《なん》といいますか。一《ひと》つに○をつけましょう。

(○)司会《しかい》　( )きろく係《がかり》　( )時間《じかん》を計《はか》る係《かかり》

(2) 次《つぎ》の文《ぶん》は、「一年生《いちねんせい》に読《よ》み聞《き》かせをする絵本《えほん》」を決《き》める話《はな》し合《あ》いの一部《いちぶ》の文章《ぶんしょう》です。この文章《ぶんしょう》を読《よ》んで、答《こた》えましょう。

司会《しかい》

前《まえ》の時間《じかん》は、みんなで、読《よ》みたい本《ほん》を出《だ》し合《あ》いました。㋐今日《きょう》は、その中《なか》から一《いっ》さつを決《き》めます。話《はな》し合《あ》う時間《じかん》は二十分《にじゅっぷん》です。㋑高山《たかやま》さん、時間《じかん》を計《はか》ってください。

読《よ》み聞《き》かせの目的《もくてき》は、「一年生《いちねんせい》が本《ほん》をすきになってくれるような、読《よ》み聞《き》かせをする。」です。読《よ》み聞《き》かせの時間《じかん》は五分《ごふん》なので、五分《ごふん》で読《よ》める本《ほん》から目的《もくてき》に合《あ》うものをえらびましょう。

(令和二年度版　光村図書　国語三下　あおぞら「はんで意見をまとめよう」による)

① ㋐今日《きょう》は、…決《き》めます。という司会《しかい》の言葉《ことば》は、どんな言葉《ことば》ですか。○をつけましょう。

(○)話《はな》し合《あ》いの目的《もくてき》をたしかめている。

( )前《まえ》に出《で》た意見《いけん》を整理《せいり》している。

② 話《はな》し合《あ》う時間《じかん》は、何分《なんぷん》ですか。

[二十分]

③ ㋑高山《たかやま》さんは、話《はな》し合《あ》いの中《なか》で、どの役《やく》わりをしていますか。一《ひと》つに○をつけましょう。

( )司会《しかい》

( )きろく係《がかり》

(○)時間《じかん》を計《はか》る係《かかり》

29

30頁

はんで意見《いけん》をまとめよう (2)

名前

教科書《きょうかしょ》の「はんで意見《いけん》をまとめよう」を読《よ》んで、答《こた》えましょう。

● 次《つぎ》の文《ぶん》は、「一年生《いちねんせい》に読《よ》み聞《き》かせをする絵本《えほん》」を決《き》める話《はな》し合《あ》いの一部《いちぶ》の文章《ぶんしょう》です。この文章《ぶんしょう》を読《よ》んで、答《こた》えましょう。

司会《しかい》　㋐では、五分《ごふん》で読《よ》めるこの五《ご》さつのうち、どれがいいでしょうか。

高山《たかやま》　わたしは、「三《さん》びきのやぎのがらがらどん」がいいです。絵《え》にはくりょくがあって、大《だい》すきでした。

谷口《たにぐち》　わたしも大《だい》すきでした。ようち園《えん》でげきをして、やぎの役《やく》をしたことをおぼえています。

司会《しかい》　㋑ちょっと待《ま》ってください。少《すこ》し話《はなし》がそれています。今《いま》は、聞《き》いて楽《たの》しい気持《きも》ちになるお話《はなし》かどうかを話《はな》し合《あ》いましょう。

森川《もりかわ》　ぼくは、「これはのみのぴこ」がいいと思《おも》います。少《すこ》しずつ言葉《ことば》がふえて文《ぶん》が長《なが》くなっていくお話《はなし》なので、音読《おんどく》のしかたをくふうすると、聞《き》いていて楽《たの》しいのではないでしょうか。

高山《たかやま》　㋒「これはのみのぴこ」もおもしろいから、さんせいです。

(令和二年度版　光村図書　国語三下　あおぞら「はんで意見をまとめよう」による)

(1) ㋐の司会《しかい》の言葉《ことば》は、どんな言葉《ことば》ですか。○をつけましょう。

( )前《まえ》に出《で》た意見《いけん》を整理《せいり》している。

(○)発言《はつげん》するようにたずねて、意見《いけん》をもとめている。

(2) ㋑の司会《しかい》の言葉《ことば》は、どんな言葉《ことば》ですか。○をつけましょう。

( )決《き》まったことをたしかめている。

(○)話《はなし》がそれてきたので、話《はなし》を元《もと》にもどそうとしている。

(3) 森川《もりかわ》さんは、何《なん》という本《ほん》がいいと発言《はつげん》していますか。

[「これはのみのぴこ」]

(4) ㋒の森川《もりかわ》さんの意見《いけん》にさんせいしているのは、だれですか。

[高山 さん]

30

31頁

すがたをかえる大豆《だいず》 (1)

名前

● 次《つぎ》の文章《ぶんしょう》を二回《にかい》読《よ》んで、答《こた》えましょう。

1

大豆《だいず》は、ダイズという植物《しょくぶつ》のたねです。えだについたさやの中《なか》に、二《ふた》つか三《みっ》つのたねが入《はい》っています。ダイズが十分《じゅうぶん》に育《そだ》つと、さやの中《なか》のたねはかたくなります。これが、㋐わたしたちが知《し》っている大豆《だいず》です。

2

かたい大豆《だいず》は、そのままでは食《た》べにくく、消化《しょうか》もよくありません。そのため、㋑昔《むかし》からいろいろ手《て》をくわえて、おいしく食《た》べるくふうをしてきました。

(令和二年度版　光村図書　国語三下　あおぞら　国分《こくぶん》牧衛《まきえ》)

1

(1) 大豆《だいず》は、何《なん》という植物《しょくぶつ》のたねですか。

[ダイズ]

(2) たねは、どこに入《はい》っていますか。

[(えだについた)さやの中]

(3) ㋐わたしたちが知《し》っている大豆《だいず》とは、どんなものですか。

[[ダイズ]が十分《じゅうぶん》に育《そだ》って、さやの中《なか》の[たね]が[かたく]なったもの。]

2

㋑昔《むかし》からいろいろ手《て》をくわえて、おいしく食《た》べるくふうをしてきたのは、なぜですか。

[かたい大豆《だいず》は、そのままでは食べにくく、消化もよくないから。]

31

解答例

本書の解答は，あくまでもひとつの例です。児童に取り組ませる前に，必ず指導される方が問題を解いてください。指導される方の作られた解答をもとに，児童の多様な考えに寄り添って○つけをお願いします。

32頁

すがたをかえる大豆《だいず》 (2)

名前

● 次《つぎ》の文章《ぶんしょう》を二回《にかい》読《よ》んで、答《こた》えましょう。

1

（わたしたちは、大豆《だいず》にいろいろ手《て》をくわえて、おいしく食《た》べるくふうをしてきました。）

㋐いちばん分《わ》かりやすいのは、大豆《だいず》をその形《かたち》のままいったり、にたりして、やわらかく、おいしくするくふうです。

2

㋑いると、豆《まめ》まきに使《つか》う豆《まめ》になります。水《みず》につけてやわらかくしてから㋒にると、に豆《まめ》になります。

（令和二年度版　光村図書　国語三下　あおぞら　国分《こくぶ》　牧衛《まきえ》）

1 ㋐いちばん分《わ》かりやすいくふうでは、大豆《だいず》をどのようにして、おいしくしていますか。二《ふた》つに○をつけましょう。

（○）大豆《だいず》の形《かたち》のまま、いる。

（○）大豆《だいず》の形《かたち》のまま、にる。

（　）大豆《だいず》の形《かたち》をつぶして、にる。

2

(1) ㋑いる、㋒にるの意味《いみ》に合《あ》うものを――線《せん》でむすびましょう。

㋑いる ―― フライパンなどに入《い》れて、そのまま火《ひ》にかけること。

㋒にる ―― にもののように、水《みず》といっしょになべに入《い》れて火《ひ》にかけ、やわらかくたくこと。

(2) 大豆《だいず》をその形《かたち》のままいると、どんなときに使《つか》う豆《まめ》になりますか。

［豆まき］

(3) 大豆《だいず》を水《みず》につけてやわらかくしてからにると、何《なに》になりますか。

［に豆］

32

33頁

すがたをかえる大豆《だいず》 (3)

名前

● 次《つぎ》の文章《ぶんしょう》を二回《にかい》読《よ》んで、答《こた》えましょう。

1

（かたい大豆《だいず》をおいしく食《た》べるくふうについて、せつめいしています。その一《ひと》つに、大豆《だいず》をその形《かたち》のまま、いったり、にたりして、やわらかく、おいしくして食《た》べるくふうがあります。）

正月《しょうがつ》のおせちりょうりに使《つか》われる黒豆《くろまめ》も、に豆《まめ》の一《ひと》つです。に豆《まめ》には、黒《くろ》、茶《ちゃ》、白《しろ》など、いろいろな色《いろ》の大豆《だいず》が使《つか》われます。

2

次《つぎ》に、こなにひいて食《た》べるくふうがあります。もちやだんごにかけるきなこは、大豆《だいず》をいって、こなにひいたものです。

※こなにひく……こなにする。

（令和二年度版　光村図書　国語三下　あおぞら　国分《こくぶ》　牧衛《まきえ》）

1

(1) に豆《まめ》の一《ひと》つとして、正月《しょうがつ》のおせちりょうりに使《つか》われる、何《なん》というりょうりをれいにあげていますか。

［黒豆］

(2) に豆《まめ》には、何色《なにいろ》の大豆《だいず》が使《つか》われますか。

［黒、茶、白など、いろいろな色《いろ》の大豆《だいず》。］

2

(1) 次《つぎ》に、大豆《だいず》をどんなふうにして食《た》べるくふうがありますか。

［こなにひいて食《た》べるくふう。］

(2) 大豆《だいず》をいって、こなにひいたものは、何《なん》といいますか。一《ひと》つに○をつけましょう。

（　）もち

（　）だんご

（○）きなこ

33

34頁

すがたをかえる大豆《だいず》 (4)

名前

● 次《つぎ》の文章《ぶんしょう》を二回《にかい》読《よ》んで、答《こた》えましょう。

1

（かたい大豆《だいず》をおいしく食《た》べる、いろいろなくふうについてせつめいしています。）

また、大豆《だいず》にふくまれる大切《たいせつ》なえいようだけを取《と》り出《だ》して、ちがう食品《しょくひん》にするくふうもあります。

2

大豆《だいず》を一《ひと》ばん水《みず》にひたし、なめらかになるまですりつぶします。これに水《みず》をくわえて、かきまぜながら熱《ねっ》します。その後《あと》、ぬのを使《つか》って中身《なかみ》をしぼり出《だ》します。しぼり出《だ》したしるににがりというものをくわえると、かたまって、とうふになります。

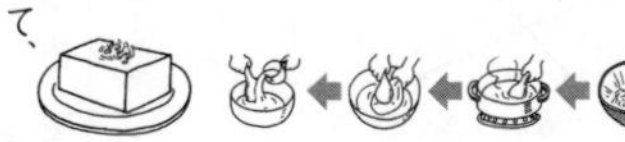

（令和二年度版　光村図書　国語三下　あおぞら　国分《こくぶ》　牧衛《まきえ》）

1 大豆《だいず》をどんなふうにして、ちがう食品《しょくひん》にするくふうがありますか。

［大豆《だいず》にふくまれる　大切なえいよう　だけを取《と》り出《だ》す。］

2

(1) 何《なん》という食品《しょくひん》の作《つく》り方《かた》について、せつめいしていますか。

［とうふ］

(2) 大豆《だいず》からとうふを作《つく》る、作《つく》り方《かた》のじゅんばんに、1～4の番号《ばんごう》を書《か》きましょう。

（2）水《みず》をくわえて、かきまぜながら熱《ねっ》する。

（1）大豆《だいず》を一《ひと》ばん水《みず》にひたし、すりつぶす。

（4）しぼり出《だ》したしるににがりをくわえる。

（3）ぬのを使《つか》って、中身《なかみ》をしぼり出《だ》す。

34

35頁

全文読解《ぜんぶんどっかい》

すがたをかえる大豆《だいず》 (5)

名前

教科書《きょうかしょ》の「すがたをかえる大豆《だいず》」を読《よ》んで、答《こた》えましょう。

(1) 全体《ぜんたい》の文章《ぶんしょう》を、「はじめ」「中《なか》」「終《お》わり」の三《みっ》つに分《わ》けます。この三《みっ》つには、それぞれ、どんなことが書《か》かれていますか。――線《せん》でむすびましょう。

はじめ ―― これからせつめいする話題《わだい》となる大豆《だいず》を、おおまかにしめしている。

中《なか》 ―― 大豆《だいず》の食《た》べ方《かた》のくふうについて、いくつかのれいをあげてせつめいしている。

終《お》わり ―― 大豆《だいず》の食《た》べ方《かた》がくふうされてきた理由《りゆう》、感想《かんそう》などで全体《ぜんたい》をまとめている。

(2) 次《つぎ》の表《ひょう》は、大豆《だいず》をおいしく食《た》べるくふうと、それぞれのれいとなる食品《しょくひん》について、段落《だんらく》ごとにまとめたものです。（　）にあてはまる食品名《しょくひんめい》を［　］からえらんで書《か》きましょう。

段落《だんらく》	おいしく食《た》べるくふう	れいとなる食品《しょくひん》
第三《だいさん》	大豆《だいず》をその形《かたち》のままいったり、にたりして、やわらかく、おいしくするくふう。	・豆《まめ》まきの　豆《まめ》 ・（に豆）
第四《だいよん》	こなにひいて食《た》べるくふう。	・（きなこ）
第五《だいご》	大豆《だいず》にふくまれる大切《たいせつ》なえいようだけを取《と》り出《だ》して、ちがう食品《しょくひん》にするくふう。	・（とうふ）
第六《だいろく》	目《め》に見《み》えない小《ちい》さな生物《せいぶつ》の力《ちから》をかりて、ちがう食品《しょくひん》にするくふう。	・（なっとう） ・みそ、しょうゆ
第七《だいなな》	とり入《い》れる時期《じき》や育《そだ》て方《かた》をくふうした食《た》べ方《かた》。	・えだ豆《まめ》 ・（もやし）

・とうふ
・もやし
・に豆《まめ》
・なっとう
・きなこ

35

36頁

じょうほう
科学《かがく》読《よ》み物《もの》での調《しら》べ方《かた》

名前

教科書《きょうかしょ》の「科学《かがく》読《よ》み物《もの》での調《しら》べ方《かた》」を読《よ》んで、答《こた》えましょう。

(1) 次《つぎ》の言葉《ことば》は、本《ほん》で調《しら》べるときによく使《つか》われる言葉《ことば》です。言葉《ことば》のせつめいにあてはまるものを――線《せん》でむすびましょう。

① 目次《もくじ》 ― 本《ほん》のはじめにあって、見出《みだ》しがページじゅんにならべてあるもの。

② さくいん ― 本《ほん》の中《なか》にある言葉《ことば》や物事《ものごと》が、どのページにあるのかを、五十音《ごじゅうおん》（あいうえおじゅん）などでしめしてあるもの。

③ 奥付《おくづけ》 ― 本《ほん》のおわりのほうで、本《ほん》の書名《しょめい》や作者《さくしゃ》・筆者名《ひっしゃめい》、発行年《はっこうねん》、出版社《しゅっぱんしゃ》などをしるしたもの。

(2) 次《つぎ》の、本《ほん》の奥付《おくづけ》のれいを見《み》て、①〜④にあてはまるものを□からえらんで記号《きごう》で答《こた》えましょう。

●奥付《おくづけ》のれい

① どうぶつはかせになろう 4 海《うみ》の生《い》きもの
② 2022年《ねん》3月《がつ》　第《だい》1刷発行《ずりはっこう》
③ 著《ちょ》　者《しゃ》　山田《やまだ》　一郎《いちろう》
④ 発行所《はっこうしょ》　株式会社《かぶしきがいしゃ》○○社《しゃ》　〒000-0000　東京都《とうきょうと》○○区《く》○○-○○

① （エ）　② （ウ）　③ （ア）　④ （イ）

㋐ 作者《さくしゃ》・筆者名《ひっしゃめい》（書《か》いた人《ひと》の名前《なまえ》）
㋑ 出版社名《しゅっぱんしゃめい》（本《ほん》を作《つく》った会社《かいしゃ》の名前《なまえ》）
㋒ 発行年《はっこうねん》（本《ほん》を出《だ》した年《とし》）
㋓ 書名《しょめい》（本《ほん》の題名《だいめい》）

37頁

食《た》べ物《もの》のひみつを教《おし》えます (1)

名前

教科書《きょうかしょ》の「食《た》べ物《もの》のひみつを教《おし》えます」を読《よ》んで、答《こた》えましょう。

(1) すがたをかえて食品《しょくひん》になる「米《こめ》」について、せつめいする文章《ぶんしょう》を書《か》こうとしています。次《つぎ》の図《ず》は、「米《こめ》」について調《しら》べたことを、図《ず》で整理《せいり》したれいです。①〜③にあてはまる言葉《ことば》を□からえらんで書《か》きましょう。

（令和二年度版　光村図書　国語三下　あおぞら「食べ物の　ひみつを　教えます」による）

① （ごはん）
② （米）
③ （こなにする）

・米《こめ》　・ごはん　・こなにする

(2) 次《つぎ》の表《ひょう》は、「米《こめ》」について調《しら》べたことを、(1)の図《ず》のかわりに、表《ひょう》で整理《せいり》したれいです。①〜③にあてはまる言葉《ことば》を□からえらんで書《か》きましょう。

〈ざいりょう〉…米《こめ》

おいしく食《た》べるくふう	できる食品《しょくひん》
・その形《かたち》のままたく	②（ごはん）
・こなにする	③（白玉）
・①（むす）	もち

・ごはん　・むす　・白玉《しらたま》

38頁

食《た》べ物《もの》のひみつを教《おし》えます (2)

名前

教科書《きょうかしょ》の「食《た》べ物《もの》のひみつを教《おし》えます」を読《よ》んで、答《こた》えましょう。

● 次《つぎ》の文章《ぶんしょう》を二回《にかい》読《よ》んで、答《こた》えましょう。

いろいろなすがたになる米《こめ》
上田《うえだ》　はると

① 米《こめ》には、いろいろな食《た》べ方《かた》のくふうがあります。

② まず、米《こめ》をその形《かたち》のままたいて食《た》べるくふうがあります。米《こめ》をといで、水《みず》につけてからたくと、ごはんになります。

③ ㋐、むして食《た》べるくふうがあります。もち米《ごめ》という米《こめ》をむして、うすときねでつくと、もちになります。もちつきのきかいを使《つか》うこともあります。

④ さらに、こなにして食《た》べるくふうもあります。もち米《ごめ》をこなにしたものに、水《みず》を入《い》れて練《ね》ります。それをゆでると、白玉《しらたま》になります。

⑤ ㋑、米《こめ》は、くふうされて、いろいろなすがたになって食《た》べられているのです。

（令和二年度版　光村図書　国語三下　あおぞら「食べ物のひみつを教えます」による）

(1) この文章《ぶんしょう》は、何《なに》についてせつめいした文章《ぶんしょう》ですか。○をつけましょう。
（　）おいしい米《こめ》の作《つく》り方《かた》のくふう。
（○）米《こめ》のいろいろな食《た》べ方《かた》のくふう。

(2) ㋐にあてはまる言葉《ことば》に、○をつけましょう。
（○）次《つぎ》に
（　）だから

(3) ㋑にあてはまる言葉《ことば》に、○をつけましょう。
（　）それから
（○）このように

(4) この文章《ぶんしょう》を、「はじめ」「中《なか》」「終《お》わり」の三《みっ》つに分《わ》けて、①〜⑤の段落番号《だんらくばんごう》を（　）に書《か》きましょう。

はじめ（①）段落《だんらく》
中《なか》（②③④）段落《だんらく》
終《お》わり（⑤）段落《だんらく》

39頁

ことわざ・故事成語《こじせいご》
ことわざ (1)

名前

「急《いそ》がば回《まわ》れ」や「時《とき》は金《かね》なり」など、むかしから言《い》いつたえられてきた、生《い》きていくうえでのちえや教《おし》えを、短《みじか》い言葉《ことば》や言《い》い回《まわ》しで表《あらわ》したものを「ことわざ」といいます。

「急《いそ》がば回《まわ》れ」…　遠回《とおまわ》りに見《み》えてもあんぜんなほうほうをとったほうがよい、という意味《いみ》。

「時《とき》は金《かね》なり」…　時間《じかん》はお金《かね》とおなじように大切《たいせつ》だから、むだにしてはいけない、という意味《いみ》。

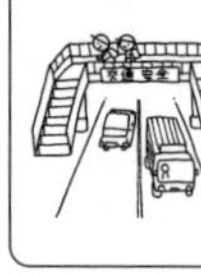

● 次《つぎ》のことわざの意味《いみ》を、□からえらんで、記号《きごう》で答《こた》えましょう。

① わらう門《かど》には福来《ふくき》たる　（ウ）
② おびに短《みじか》し　たすきに長《なが》し　（イ）
③ 所《ところ》かわれば　品《しな》かわる　（ア）

㋐ 場所《ばしょ》がちがうと、言葉《ことば》やしゅうかんなどもちがうということ。
㋑ ちゅうとはんぱで、なんの役《やく》にも立《た》たないということ。
㋒ いつもにこにことくらしている人《ひと》のもとには、しぜんとよいことがやって来《く》るということ。

解答例

本書の解答は，あくまでもひとつの例です。児童に取り組ませる前に，必ず指導される方が問題を解いてください。指導される方の作られた解答をもとに，児童の多様な考えに寄り添って○つけをお願いします。

40頁

ことわざ・故事成語《こじせいご》

ことわざ (2)

名前

● 次《つぎ》のことわざの（　）にあてはまる動物《どうぶつ》を、□からえらんで書《か》きましょう。

① （犬）も歩《ある》けばぼうに当《あ》たる

【意味《いみ》】いろいろやっていると、思《おも》いがけない幸運《こううん》、またはさいなんにあうということ。

② （さる）も木《き》から落《お》ちる

【意味《いみ》】どんな上手《じょうず》な人《ひと》にもしっぱいはあるものだということ。

③ （ねこ）の手《て》もかりたい

【意味《いみ》】たいへんいそがしくて、手《て》つだいがほしいということ。

・ねこ　・犬《いぬ》　・さる

☆ 動物《どうぶつ》の名前《なまえ》が入《はい》ったことわざは、ほかに、つぎのようなものがあります。

ねこに小《こ》ばん

【意味《いみ》】どんなによいものでも、ねうちを知《し》らないものには、役《やく》に立《た》たないこと。

馬《うま》の耳《みみ》にねんぶつ

【意味《いみ》】いくら言《い》っても何《なん》のききめもないこと。

※「ねんぶつ」とは、ほとけの名《な》をとなえながらいのること。馬《うま》にありがたいねんぶつを聞《き》かせてもむだだということ。

41頁

ことわざ・故事成語《こじせいご》

ことわざ (3)

名前

(1) 次《つぎ》のことわざの意味《いみ》を、□からえらんで、記号《きごう》で答《こた》えましょう。

① わかいときの苦労《くろう》は買《か》ってもせよ　（イ）

② 善《ぜん》は急《いそ》げ　（ア）

㋐ よいことだと思《おも》ったら、すぐに実行《じっこう》しなさいということ。

㋑ 自分《じぶん》が成長《せいちょう》するためには、自分《じぶん》からすすんでたいへんな思《おも》いをしたほうがよいということ。

(2) 次《つぎ》の①〜③がことわざになるように、（　）にあてはまる言葉《ことば》を□からえらんで書《か》きましょう。また、そのことわざの意味《いみ》を――線《せん》でむすびましょう。

① （ちり）もつもれば山《やま》となる　―　どんなに小《ちい》さなものでも、つみかさなると大《おお》きなものとなるということ。

② （石橋）をたたいてわたる　―　用心深《ようじんぶか》く物事《ものごと》を行《おこな》うこと。

③ （おに）に金《かな》ぼう　―　強《つよ》いものが、もっと強《つよ》くなること。

・ちり　・おに　・石橋《いしばし》

42頁

ことわざ・故事成語《こじせいご》

ことわざ (4)

名前

(1) 次《つぎ》のことわざについて、答《こた》えましょう。

さるも木《き》から落《お》ちる

① このことわざの意味《いみ》をえらんで、○をつけましょう。

（○）どんな上手《じょうず》な人《ひと》にもしっぱいはあるものだということ。

（　）ちゅうとはんぱで、なんの役《やく》にも立《た》たないこと。

② このことわざとにた意味《いみ》のことわざに○をつけましょう。

（　）犬《いぬ》も歩《ある》けばぼうに当《あ》たる

（○）かっぱの川流《かわなが》れ

(2) 次《つぎ》のことわざについて、答《こた》えましょう。

ねこに小《こ》ばん

① このことわざの意味《いみ》をえらんで、○をつけましょう。

（　）よいことだと思《おも》ったら、すぐに実行《じっこう》しなさいということ。

（○）どんなによいものでも、ねうちを知《し》らないものには、役《やく》に立《た》たないこと。

② このことわざとにた意味《いみ》のことわざに○をつけましょう。

（○）ぶたにしんじゅ

（　）ねこの手《て》もかりたい

43頁

ことわざ・故事成語《こじせいご》

ことわざ (5)

名前

(1) 次《つぎ》の文《ぶん》で、――線《せん》のことわざの使《つか》い方《かた》が正《ただ》しいほうに、○をつけましょう。

（○）おかあさんの手《て》つだいをがんばると決《き》めたなら、善《ぜん》は急《いそ》げで、すぐにはじめたほうがいい。

（　）バスだと道《みち》がじゅうたいするかもしれない。善《ぜん》は急《いそ》げで、歩《ある》いていこう。

(2) 次《つぎ》の文《ぶん》で、（　）にあてはまることわざを□からえらんで書《か》きましょう。（ならっていない漢字《かんじ》は、ひらがなで書《か》きましょう。）

① となりのおうちは、いつも明《あか》るくてしあわせそうだ。まさに（わらう門には福来たる）だね。

② ぼうっとしてばかりいないで、べんきょうしよう。（時は金なり）というから。

③ 姉《あね》は、（石橋をたたいてわたる）用心深《ようじんぶか》いせいかくなので、りょうりをする前《まえ》に、ざいりょうを何度《なんど》もたしかめている。

・時《とき》は金《かね》なり
・石橋《いしばし》をたたいてわたる
・わらう門《かど》には福来《ふくき》たる

44頁

ことわざ・故事成語《こじせいご》

故事成語《こじせいご》 (1)

名前

(1) 次《つぎ》の文《ぶん》は、故事成語《こじせいご》をせつめいしているものです。（　）の中《なか》の、正《ただ》しい方《ほう》を○でかこみましょう。

故事成語《こじせいご》は、ことわざにに た（長《なが》い・**〇短《みじか》い**）言葉《ことば》で、（**〇中国《ちゅうごく》**・日本《にほん》）につたわる（**〇古《ふる》い**・新《あたら》しい）出来事《できごと》や物語《ものがたり》が元《もと》になってできた言葉《ことば》です。

(2) 次《つぎ》の、「五十歩百歩《ごじっぽひゃっぽ》」という故事成語《こじせいご》の由来《ゆらい》を読《よ》んで、問《と》いに答《こた》えましょう。

〈「五十歩百歩《ごじっぽひゃっぽ》」の由来《ゆらい》〉

昔《むかし》、中国《ちゅうごく》の孟子《もうし》という人物《じんぶつ》が、ある王様《おうさま》に、「たたかいのとき、にげ出《だ》したものがいた。このとき五十歩《ごじっぽ》にげたものが、百歩《ひゃっぽ》にげたものを弱虫《よわむし》だとわらったが、どちらもにげたことにかわりない。」と言《い》った。

※由来《ゆらい》…どのようにしてできた言葉《ことば》なのか、その起《お》こり。

① 「五十歩百歩《ごじっぽひゃっぽ》」の意味《いみ》にあてはまる方《ほう》に○をつけましょう。

（　）話《はなし》のつじつまが合《あ》わないこと。

（〇）多少《たしょう》のちがいはあるものの、大《おお》きなちがいはないこと。

② 次《つぎ》の文《ぶん》で、故事成語《こじせいご》の使《つか》い方《かた》が正《ただ》しい方《ほう》に○をつけましょう。

（　）ぼくの家《いえ》から公園《こうえん》までは、歩《ある》いて五十歩百歩《ごじっぽひゃっぽ》です。

（〇）ぼくと姉《あね》の、絵《え》をかくうでまえは五十歩百歩《ごじっぽひゃっぽ》だ。

45頁

ことわざ・故事成語《こじせいご》

故事成語《こじせいご》 (2)

名前

● 次《つぎ》の故事成語《こじせいご》の意味《いみ》を□からえらんで（　）に記号《きごう》で答《こた》えましょう。

故事成語《こじせいご》	言葉《ことば》の由来《ゆらい》（どのようにしてできた言葉《ことば》なのか）	意味《いみ》
矛盾《むじゅん》	昔《むかし》、中国《ちゅうごく》で、矛《ほこ》（やりのようなぶき）と、盾《たて》（身《み》を守《まも》るためのぶき）を売《う》る人《ひと》がいた。そして、「この『矛《ほこ》』は何《なん》でもつき通《とお》せる」と言《い》って矛《ほこ》を売《う》り、「この『盾《たて》』はどんなぶきもつき通《とお》せない」と言《い》って盾《たて》を売《う》っていた。そこで、ある人《ひと》が「その『矛《ほこ》』でその『盾《たて》』をついたらどうなるのか」とたずねたところ、矛《ほこ》と盾《たて》を売《う》っていた人《ひと》は、へんじができなかったという。	（㋑）
漁夫《ぎょふ》の利《り》	はまぐりがからを開《あ》けてひなたぼっこをしていたところ、シギという鳥《とり》がはまぐりの肉《にく》を食《た》べようとした。シギとはまぐりがともにあらそっていると、通《とお》りかかった漁師《りょうし》が、両方《りょうほう》ともつかまえてしまった。	（㋐）

㋐ とくをしようと二人《ふたり》があらそっているすきに、ほかの人《ひと》がその利《り》えきを苦労《くろう》することなく横取《よこど》りすること。

㋑ 話《はなし》のつじつま（物事《ものごと》のすじみちや正《ただ》しいじゅんばん）が合《あ》わないこと。

46頁

ことわざ・故事成語《こじせいご》

故事成語《こじせいご》 (3)

名前

(1) 次《つぎ》の故事成語《こじせいご》の意味《いみ》を□からえらんで（　）に記号《きごう》で答《こた》えましょう。

故事成語《こじせいご》	言葉《ことば》の由来《ゆらい》（どのようにしてできた言葉《ことば》なのか）	意味《いみ》
蛇足《だそく》	だれが蛇《へび》の絵《え》をいちばんはやくかけるか、きょうそうした。先《さき》にかきあげた人《ひと》が、他《ほか》の人《ひと》がまだかいているのを見《み》て、調子《ちょうし》に乗《の》って、あまった時間《じかん》で蛇《へび》に足《あし》をかき足《た》した。すると、「蛇《へび》に足《あし》はない。」と言《い》われて負《ま》けてしまった。	（㋑）
蛍雪《けいせつ》の功《こう》	まずしくて、明《あ》かりをつけるための油《あぶら》を買《か》えない人《ひと》が、夏《なつ》には蛍《ほたる》を集《あつ》めて、その光《ひかり》で本《ほん》を読《よ》んだ。同《おな》じようにべつのまずしい人《ひと》は、冬《ふゆ》に雪明《ゆきあ》かりで本《ほん》を読《よ》んだ。後《のち》に、どちらの人《ひと》もりっぱな地位《ちい》についた。	（㋐）

（令和二年度版　光村図書　国語三下　あおぞら「知ると楽しい「故事成語」」による）

㋐ 苦労《くろう》して学問《がくもん》にはげむこと。また、そのせいか。

㋑ ひつようのないものをくわえることで、全体《ぜんたい》をだめにしてしまうこと。よけいなつけ足《た》し。

(2) 次《つぎ》の文《ぶん》で、――線《せん》の故事成語《こじせいご》の使《つか》い方《かた》が正《ただ》しいほうに○をつけましょう。

（〇）文章《ぶんしょう》の後半《こうはん》は蛇足《だそく》だったから、思《おも》いきって消《け》してしまった。

（　）作品《さくひん》には蛇足《だそく》があって、すばらしいできだね。

47頁

漢字《かんじ》の意味《いみ》 (1)

名前

(1) 絵《え》を見《み》て、――線《せん》の言葉《ことば》にあてはまる漢字《かんじ》を□に書《か》きましょう。

① はがきれいです。

㋐  歯

㋑  葉

② わたしは、ひに当《あ》たりました。

㋐  火

㋑  日

③ 母《はは》は、人形《にんぎょう》にはなをつけてくれました。

㋐  花

㋑  鼻

(2) 次《つぎ》の文《ぶん》の意味《いみ》が分《わ》かるように、――線《せん》の部分《ぶぶん》のところを、□に漢字《かんじ》、□にひらがなを入《い》れて書《か》きなおしましょう。

① はははははじょうぶだ。

母は歯はじょうぶだ。

② にわにはにわにわとりがいる。

庭には二羽にわとりがいる。

本書の解答は，あくまでもひとつの例です。児童に取り組ませる前に，必ず指導される方が問題を解いてください。指導される方の作られた解答をもとに，児童の多様な考えに寄り添って○つけをお願いします。

48頁

漢字《かんじ》の意味《いみ》 (2)

名前

● 次《つぎ》の文《ぶん》の意味《いみ》が絵《え》に合《あ》うように、―― 線《せん》の部分《ぶぶん》のところを、□に漢字《かんじ》、□にひらがなを入《い》れて書《か》きなおしましょう。

① このふたつかいます。

㋐ 
この ふた 使 い ます。

㋑ 
この 二 つ 買 い ます。

② いえのうらにはたけがある。

㋐ 
家 の う ら に 畑 がある。

㋑ 
家 の う ら に は 竹 がある。

49頁

漢字《かんじ》の意味《いみ》 (3)

名前

● 次《つぎ》の文《ぶん》に合《あ》う漢字《かんじ》を（　）からえらんで□に書《か》きましょう。

① カイ（回・階）

㋐ わたしたちの教室《きょうしつ》は、二《に》 階 にある。

㋑ 友《とも》だちの家《いえ》のドアを二《に》 回 ノックした。

② カジ（火事・家事）

㋐ せんたくも、そうじも 家事 の一《ひと》つだ。

㋑ 火事 にそなえて、ひなんくんれんをした。

③ キシャ（記者・汽車）

㋐ ぼくの母《はは》は、新聞《しんぶん》 記者 だ。

㋑ 汽車 は、けむりをたくさんはいて走《はし》る。

50頁

漢字《かんじ》の意味《いみ》 (4)

名前

● 次《つぎ》の文《ぶん》に合《あ》う言葉《ことば》を（　）からえらんで□に書《か》きましょう。

① あける（開ける・明ける）

㋐ ぼくは、部屋《へや》のまどを 開ける。

㋑ 夜《よ》が 明ける。

② カイジョウ（海上・会場）

㋐ 本日《ほんじつ》のしあい 会場 は、こちらです。

㋑ くじらが 海上 にうかび上《あ》がってきた。

③ キュウコウ（休校・急行）

㋐ わたしたちは、急行 電車《でんしゃ》に乗《の》った。

㋑ 姉《あね》は、中学校《ちゅうがっこう》がりんじ 休校 のため、一日中《いちにちじゅう》、家《いえ》にいた。

51頁

短歌《たんか》を楽《たの》しもう (1)

名前

(1) 次《つぎ》の文章《ぶんしょう》は、短歌《たんか》についてせつめいしたものです。｛　｝の中《なか》の正《ただ》しい方《ほう》に○をつけましょう。

短歌《たんか》は、｛（○）五《ご》・七《しち》・五《ご》・七《しち》・七《しち》／（　）五《ご》・七《しち》・五《ご》｝の三十一音《さんじゅういちおん》で作《つく》られた短《みじか》い詩《し》です。

短歌《たんか》は、一首《いっしゅ》、二首《にしゅ》…というように、｛（　）「句《く》」／（○）「首《しゅ》」｝を使《つか》って数《かぞ》えます。

短歌《たんか》の三十一音《さんじゅういちおん》の中《なか》には、しぜんの様子《ようす》や、そこから感《かん》じられること、心《こころ》に思《おも》うことなどが表《あらわ》されています。

(2) 次《つぎ》の短歌《たんか》や文章《ぶんしょう》を読《よ》んで、答《こた》えましょう。

㋐むしのねも　のこりすくなに　なりにけり
よなよなかぜの　さむくしなれば
良寛《りょうかん》

虫《むし》の鳴《な》き声《ごえ》もあまり聞《き》こえなくなってきたなあ。㋑夜《よ》ごとにふく風《かぜ》が寒《さむ》くなるので。

（令和二年度版　光村図書　国語三下　あおぞら「短歌を楽しもう」による）

① 上《うえ》の短歌《たんか》で表《あらわ》したきせつは、いつですか。春《はる》・夏《なつ》・秋《あき》・冬《ふゆ》のうち、一《ひと》つをえらんで□に書《か》きましょう。

秋 の終《お》わり。

② ㋐むしのねとは、どんな意味《いみ》を表《あらわ》していますか。○をつけましょう。

（○）虫《むし》の鳴《な》き声《ごえ》。
（　）ふく風《かぜ》。

③ ㋑夜《よ》ごとにとは、どんな意味《いみ》を表《あらわ》していますか。○をつけましょう。

（　）夜《よる》ではないとき。
（○）夜《よる》がくるたび。

52 頁

短歌《たんか》を楽《たの》しもう (2)

名前

● 次《つぎ》の短歌《たんか》や文章《ぶんしょう》を読《よ》んで、答《こた》えましょう。

㋐ 秋来《あきき》ぬと目《め》にはさやかに見《み》えねども風《かぜ》の音《おと》にぞおどろかれぬる

藤原《ふじわらの》 敏行《としゆき》

秋《あき》が来《き》たと、目《め》に見《み》えてはっきりとは分《わ》からなかったけれども、風《かぜ》の音《おと》が秋《あき》らしくて、はっとしたよ。

㋑ 奥山《おくやま》に紅葉《もみじ》踏《ふ》み分《わ》け鳴《な》く鹿《しか》の声《こえ》聞《き》く時《とき》ぞ秋《あき》は悲《かな》しき

猿丸《さるまる》大夫《だゆう》

奥深《おくぶか》い山《やま》で紅葉《もみじ》を踏《ふ》み分《わ》けながら鳴《な》いている鹿《しか》の声《こえ》を聞《き》くときこそ、秋《あき》の悲《かな》しさを感《かん》じるものだなあ。

（令和二年度版　光村図書　国語三下　あおぞら「短歌を楽しもう」による）

(1) ㋐㋑の短歌《たんか》を、五《ご》・七《しち》・五《ご》・七《しち》・七《しち》の音《おと》に分《わ》けます。それぞれ四カ所《よんしょ》に／線《せん》を書《か》き入《い》れましょう。

㋐ 秋来《あきき》ぬと／目《め》にはさやかに／見《み》えねども／風《かぜ》の音《おと》にぞ／おどろかれぬる

㋑ 奥山《おくやま》に／紅葉《もみじ》踏《ふ》み分《わ》け／鳴《な》く鹿《しか》の／声《こえ》聞《き》く時《とき》ぞ／秋《あき》は悲《かな》しき

(2) ㋐の短歌《たんか》で、作者《さくしゃ》はどんなものを秋《あき》らしく感《かん》じて、はっとしましたか。短歌《たんか》の中《なか》から三文字《さんもじ》で言葉《ことば》を書《か》き出《だ》しましょう。

風の音

(3) ㋑の短歌《たんか》で、作者《さくしゃ》は何《なに》を聞《き》いて秋《あき》の悲《かな》しさを感《かん》じていますか。一《ひと》つに○をつけましょう。

（　）紅葉《もみじ》を ふむ音《おと》。
（○）鹿《しか》の声《こえ》。
（　）風《かぜ》の音《おと》。

53 頁

三年《さんねん》とうげ (1)

名前

● 次《つぎ》の文章《ぶんしょう》を二回《にかい》読《よ》んで、答《こた》えましょう。

1

〔あるところに、三年《さんねん》とうげとよばれるとうげがありました。この三年《さんねん》とうげで転《ころ》ぶと、三年《さんねん》しか生《い》きられないという言《い》いつたえがありました。〕

ある秋《あき》の日《ひ》のことでした。一人《ひとり》のおじいさんが、となり村《むら》へ、反物《たんもの》を売《う》りに行《い》きました。

※反物《たんもの》…着物《きもの》を作《つく》るための ぬの。

2

そして、帰《かえ》り道《みち》、三年《さんねん》とうげにさしかかりました。白《しろ》いすすきの光《ひか》るころでした。おじいさんは、こしを下《お》ろして㋐ひと息入《いきい》れながら、美《うつく》しいながめにうっとりしていました。

（令和二年度版　光村図書　国語三下　あおぞら　李錦玉《リクムオク》）

1 おじいさんは、どこへ、何《なに》をしに行《い》きましたか。

・どこ（へ）

となり村（へ）

・何《なに》をしに行《い》った

反物を売り に行《い》った。

2 (1) 秋《あき》のきせつの、しぜんの様子《ようす》が分《わ》かる一文《いちぶん》を、文章《ぶんしょう》の中《なか》から書《か》き出《だ》しましょう。

白いすすきの光るころでした。

(2) ㋐「ひと息入《いきい》れる」とは、どんな意味《いみ》ですか。○をつけましょう。

（　）一回《いっかい》、しんこきゅうする。
（○）ひと休《やす》みする。

(3) おじいさんは、何《なに》にうっとりしていましたか。

美しいながめ

54 頁

三年《さんねん》とうげ (2)

名前

● 次《つぎ》の文章《ぶんしょう》を二回《にかい》読《よ》んで、答《こた》えましょう。

1

〔となり村《むら》からの帰《かえ》り道《みち》、おじいさんは、三年《さんねん》とうげで美《うつく》しいながめを見《み》てうっとりしていました。〕

しばらくして、

「こうしちゃおれぬ。日《ひ》がくれる。」

おじいさんは、あわてて立《た》ち上《あ》がると、

「三年《さんねん》とうげで　転《ころ》ぶでないぞ。三年《さんねん》とうげで　転《ころ》んだならば、三年《さんねん》きりしか生《い》きられぬ。」

と、足《あし》を急《いそ》がせました。

※生《い》きられぬ…生《い》きられない。

2

㋐お日様《ひさま》が西《にし》にかたむき、夕《ゆう》やけ空《ぞら》がだんだん暗《くら》くなりました。

（令和二年度版　光村図書　国語三下　あおぞら　李錦玉《リクムオク》）

1 (1) おじいさんがあわてて立《た》ち上《あ》がったのは、なぜですか。○をつけましょう。

（○）お日様《ひさま》のしずむ時間《じかん》が近《ちか》づいてきたから。
（　）家《いえ》に帰《かえ》るやくそくの時間《じかん》が近《ちか》づいてきたから。

(2) 三年《さんねん》とうげで転《ころ》んだならば、どうなると、おじいさんは、言《い》っていますか。文章《ぶんしょう》の中《なか》の言葉《ことば》で書《か》きましょう。

三年きりしか生きられぬ。

2 (1) ㋐お日様《ひさま》が西《にし》にかたむくとは、どんな意味《いみ》ですか。○をつけましょう。

（○）太陽《たいよう》が西《にし》にしずみかける。
（　）太陽《たいよう》が西《にし》からのぼりはじめる。

(2) 夕《ゆう》やけ空《ぞら》は、どうなりましたか。

だんだん **暗く** なった。

55 頁

三年《さんねん》とうげ (3)

名前

● 次《つぎ》の文章《ぶんしょう》を二回《にかい》読《よ》んで、答《こた》えましょう。

1

〔お日様《ひさま》が西《にし》にかたむき、夕《ゆう》やけ空《ぞら》がだんだん暗《くら》くなりました。〕

㋐ところがたいへん。あんなに気《き》をつけて歩《ある》いていたのに、おじいさんは、石《いし》につまずいて転《ころ》んでしまいました。おじいさんは真《ま》っ青《さお》になり、がたがたふるえました。

2

家《いえ》にすっとんでいき、おばあさんにしがみつき、おいおいなきました。

「ああ、どうしよう、どうしよう。わしのじゅみょうは、あと三年《さんねん》じゃ。三年《さんねん》しか生《い》きられぬのじゃあ。」

※しがみつく…しっかり強《つよ》くだきつく。
※じゅみょう…命《いのち》。命《いのち》の長《なが》さ。

（令和二年度版　光村図書　国語三下　あおぞら　李錦玉《リクムオク》）

1 (1) ㋐ところがたいへんとは、おじいさんに何《なに》があったのですか。

三年《さんねん》とうげで、石《いし》につまずいて **転んで** しまった。

(2) 転《ころ》んでしまったおじいさんは、どんな様子《ようす》になりましたか。文章《ぶんしょう》の中《なか》から一《ひと》つの文《ぶん》を書《か》き出《だ》しましょう。

おじいさんは真っ青になり、がたがたふるえました。

2 (1) 家《いえ》にすっとんでいったおじいさんは、おばあさんにしがみつき、どうしましたか。

おいおい ないた。

(2) おじいさんは、どうしてないたのですか。○をつけましょう。

（　）石《いし》につまずいて転《ころ》んだところがいたかったから。
（○）三年《さんねん》とうげで転《ころ》んだので、あと三年《さんねん》しか生《い》きられないと思《おも》ったから。

本書の解答は，あくまでもひとつの例です。児童に取り組ませる前に，必ず指導される方が問題を解いてください。指導される方の作られた解答をもとに，児童の多様な考えに寄り添って○つけをお願いします。

56頁

三年《さんねん》とうげ (4)

名前

● 次《つぎ》の文章《ぶんしょう》を二回《にかい》読《よ》んで、答《こた》えましょう。

1

〔おじいさんは、三年《さんねん》とうげで、石《いし》につまずいて転《ころ》んでしまいました。〕

その日《ひ》から、おじいさんは、ごはんも食《た》べずに、ふとんにもぐりこみ、とうとう病気《びょうき》になってしまいました。

お医者《いしゃ》をよぶやら、薬《くすり》を飲《の》ませるやら、おばあさんはつきっきりで看病《かんびょう》しました。

※つきっきり…いつもそばをはなれないこと。
※看病《かんびょう》…病気《びょうき》の人《ひと》の世話《せわ》をすること。

2

㋐、おじいさんの病気《びょうき》はどんどん重《おも》くなるばかり。村《むら》の人《ひと》たちもみんな心配《しんぱい》しました。

（令和二年度版　光村図書　国語三下　あおぞら　李錦玉）

1

(1) おじいさんは、とうとうどうなってしまいましたか。

〔病気になって〕しまいました。

(2) おばあさんは、おじいさんのために、どのようなことをして、つきっきりで看病《かんびょう》しましたか。二《ふた》つ書《か》きましょう。

〔お医者をよぶ〕

〔薬を飲ませる〕

2

(1) ㋐にあてはまる言葉《ことば》を一《ひと》つえらんで、○をつけましょう。

（　）それで
（○）けれども
（　）それとも

(2) 村《むら》の人《ひと》たちはどんなことを心配《しんぱい》したのですか。

おじいさんの病気《びょうき》が〔どんどん重くなる〕こと。

57頁

三年《さんねん》とうげ (5)

名前

● 次《つぎ》の文章《ぶんしょう》を二回《にかい》読《よ》んで、答《こた》えましょう。

1

〔三年《さんねん》とうげで転《ころ》んでしまったおじいさんは、その日《ひ》から、ごはんも食《た》べず、ふとんにもぐりこみ、病気《びょうき》になってしまいました。〕

そんなある日《ひ》のこと、水車屋《すいしゃや》のトルトリが、㋐みまいに来《き》ました。

「おいらの言《い》うとおりにすれば、おじいさんの病気《びょうき》はきっとなおるよ。」

※水車屋《すいしゃや》…水車《すいしゃ》を使《つか》い、米《こめ》や麦《むぎ》をこなにひく仕事《しごと》をしている人《ひと》。

2

㋑「どうすればなおるんじゃ。」

おじいさんは、ふとんから顔《かお》を出《だ》しました。

㋒「なおるとも。三年《さんねん》とうげで、もう一度《いちど》転《ころ》ぶんだよ。」

（令和二年度版　光村図書　国語三下　あおぞら　李錦玉）

1

(1) ㋐みまいとは、どんな意味《いみ》ですか。○をつけましょう。

（○）病気《びょうき》の人《ひと》をたずねて、なぐさめること。
（　）病気《びょうき》がなおったことをいわうこと。

(2) ある日《ひ》、おじいさんのみまいに来《き》たのは、だれですか。

〔（水車屋の）トルトリ〕

2

(1) ㋑㋒の言葉《ことば》は、それぞれだれが言《い》った言葉《ことば》ですか。

㋑〔おじいさん〕

㋒〔（水車屋の）トルトリ〕

(2) トルトリは、どうすれば、病気《びょうき》がなおると言《い》いましたか。文章《ぶんしょう》の中《なか》から一《ひと》つの文《ぶん》を書《か》き出《だ》しましょう。

〔三年とうげで、もう一度転ぶんだよ。〕

58頁

三年《さんねん》とうげ (6)

名前

● 次《つぎ》の文章《ぶんしょう》を二回《にかい》読《よ》んで、答《こた》えましょう。

1

〔トルトリは、おじいさんに、病気《びょうき》をなおすには、「三年《さんねん》とうげで、もう一度《いちど》転《ころ》ぶんだよ。」と言《い》いました。〕

㋐「㋒ばかな。わしに、もっと早《はや》く死《し》ねと言《い》うのか。」

㋑「そうじゃないんだよ。一度《いちど》転《ころ》ぶと、三年《さんねん》生《い》きるんだろ。二度《にど》転《ころ》べば六年《ろくねん》、三度《さんど》転《ころ》べば九年《きゅうねん》、四度《よんど》転《ころ》べば十二年《じゅうにねん》。このように、何度《なんど》も転《ころ》べば、ううんと長生《ながい》きできるはずだよ。」

2

おじいさんは、しばらく考《かんが》えていましたが、うなずきました。

㋓「うん、なるほど、なるほど。」

そして、ふとんからはね起《お》きると、三年《さんねん》とうげに行《い》き、わざとひっくり返《かえ》り、転《ころ》びました。

（令和二年度版　光村図書　国語三下　あおぞら　李錦玉）

1

(1) ㋐㋑の言葉《ことば》は、それぞれだれが言《い》った言葉《ことば》ですか。

㋐〔おじいさん〕　㋑〔トルトリ〕

(2) ㋒「ばかな。」と言《い》ったとき、三年《さんねん》とうげでもう一度《いちど》転《ころ》べば、おじいさんはどうなると思《おも》っていましたか。

（○）もっと早《はや》く死《し》んでしまう。
（　）もっと長生《ながい》きできる。

(3) トルトリは、何度《なんど》も転《ころ》べば、どうすることができるはずだと言《い》いましたか。

〔ううんと［長生き］できるはず。〕

2

(1) ㋓「うん、なるほど、なるほど。」と言《い》ったときのおじいさんは、どんな気持《きも》ちでしたか。○をつけましょう。

（　）トルトリの話《はなし》は、しんじられない。
（○）トルトリの言《い》うとおりだな。

(2) トルトリの話《はなし》を聞《き》いたおじいさんは、三年《さんねん》とうげに行《い》って、どうしましたか。

〔わざとひっくり返り、転びました。（転んだ）〕

59頁

たから島《じま》のぼうけん (1)

名前

(1) 次《つぎ》は、物語《ものがたり》の組《く》み立《た》てについて整理《せいり》した表《ひょう》です。（　）にあてはまる言葉《ことば》を［　］からえらんで書《か》きましょう。

組《く》み立《た》て	書《か》かれていること
① 始《はじ》まり	・いつ、（どこ）で、（だれ）が、何《なに》をしたのか、物語《ものがたり》が始《はじ》まる（きっかけ）。
② 出来事《できごと》（事件《じけん》）が（起こる）	・どんな出来事《できごと》（事件《じけん》）が起《お》こったか。
③ 出来事《できごと》（事件《じけん》）が解決《かいけつ》する	・出来事《できごと》（事件《じけん》）がどのように解決《かいけつ》したか。
④ むすび	・出来事《できごと》（事件《じけん》）の（けっか）、どうなったか。

・だれ　・けっか　・起《お》こる　・どこ　・きっかけ

(2) 物語《ものがたり》を書《か》くとき、はじめに「時《とき》（いつ）」「場所《ばしょ》（どこ）」「登場人物《とうじょうじんぶつ》（だれ）」「出来事《できごと》（何《なに》をした）」を考《かんが》えます。次《つぎ》の①〜④の言葉《ことば》は、どれにあたりますか。——線《せん》でむすびましょう。

① みなみ公園《こうえん》　—　場所《ばしょ》
② 夏休《なつやす》みのある日《ひ》　—　時《とき》
③ ふしぎな地図《ちず》をひろった　—　出来事《できごと》
④ えりと かずや　—　登場人物《とうじょうじんぶつ》

60頁

たから島《じま》のぼうけん (2)

名前

教科書《きょうかしょ》の「たから島《じま》のぼうけん」を読《よ》んで、答《こた》えましょう。

● 次《つぎ》の文章《ぶんしょう》は、谷口《たにぐち》さんが書《か》いた物語《ものがたり》の一部《いちぶ》です。この文章《ぶんしょう》を二回《にかい》読《よ》んで答《こた》えましょう。

たから島《じま》のぼうけん
谷口《たにぐち》 あかり

①
そうまとゆなは、小《ちい》さいころからの友《とも》だちで、毎日《まいにち》いっしょに登校《とうこう》するほどなかよしです。

ある朝《あさ》、いつものように二人《ふたり》が学校《がっこう》へ向《む》かっていると、道《みち》に一《いち》まいの地図《ちず》が落《お》ちていました。

…

②
めずらしい鳥《とり》に見《み》とれたそうまは、何《なに》かをふみました。なんとそれは、おそろしいワニのしっぽだったのです。

…

③
「このつるを使《つか》って。急《いそ》いで。」

そうまは、ゆなにもらった草《くさ》のつるで、ワニの口《くち》をぐるぐるとしばりました。二人《ふたり》は、とぶようににげました。

…

④
二人《ふたり》は、ぶじに島《しま》から家《いえ》へ帰《かえ》ることができました。でも、たから島《じま》のことはだれにも話《はな》しませんでした。

（令和二年度版　光村図書　国語三下　あおぞら「たから島のぼうけん」による）

(1) 上《うえ》の文章《ぶんしょう》の①～④の部分《ぶぶん》は、物語《ものがたり》の組《く》み立《た》てのうち、どれにあてはまりますか。□から記号《きごう》で答《こた》えましょう。

①（イ）　②（エ）
③（ウ）　④（ア）

㋐ むすび
㋑ 始《はじ》まり
㋒ 出来事《できごと》（事件《じけん》）が起《お》こる
㋓ 出来事《できごと》（事件《じけん》）が解決《かいけつ》する

(2) 上《うえ》の文章《ぶんしょう》の①に書《か》かれていることを、三《みっ》つえらんで○をつけましょう。

（○）登場人物《とうじょうじんぶつ》の名前《なまえ》とかんけい。

（　）登場人物《とうじょうじんぶつ》の気持《きも》ち。

（○）いつのことか。

（○）物語《ものがたり》の始《はじ》まるきっかけ。

（　）出来事《できごと》が起《お》きたあとのこと。

61頁

きせつの言葉《ことば》4 冬《ふゆ》のくらし (1)

名前

● 次《つぎ》の詩《し》を二回《にかい》読《よ》んで、答《こた》えましょう。

ゆき
川崎《かわさき》 洋《ひろし》

㋐はつゆき　ふった
こなゆき　だった
くつの下《した》で　きゅっきゅと
ないた

どかゆき　ふった
のしのし　ふって
ずんずん　つもり
ねゆきに　なった

べたゆき　ふって
ぼたゆき　ふって
ざらめゆきに　なって
もうすぐ　春《はる》だ

（令和二年度版　光村図書　国語三下　あおぞら　川崎　洋）

(1) ㋐はつゆきのように、「ゆき」とつく言葉《ことば》が七《なな》つあります。すべて見《み》つけて、じゅんに書《か》き出《だ》しましょう。

はつゆき　こなゆき
どかゆき　ねゆき
べたゆき　ぼたゆき
ざらめゆき

(2) ㋐はつゆきとは、どんな雪《ゆき》ですか。○をつけましょう。

（○）その年《とし》の冬《ふゆ》に、はじめてふる雪《ゆき》。

（　）その年《とし》の冬《ふゆ》のさいごにふる雪《ゆき》。

(3) 詩《し》の一行目《いちぎょうめ》から、さいごの行《ぎょう》までを読《よ》んで、どんな様子《ようす》が分《わ》かりますか。○をつけましょう。

（　）雪《ゆき》がだんだんはげしくなる、きびしい冬《ふゆ》の様子《ようす》。

（○）冬《ふゆ》のはじめからおわりまで雪《ゆき》がかわっていく様子《ようす》。

62頁

きせつの言葉《ことば》4 冬《ふゆ》のくらし (2)

名前

冬《ふゆ》とは、十二月《じゅうにがつ》、一月《いちがつ》、二月《にがつ》ごろのきせつです。

(1) 寒《さむ》い冬《ふゆ》をあたたかくすごすためのくふうを、四《よっ》つえらんで○をつけましょう。

（　）うちわ　（○）ゆたんぽ
（○）こたつ　（　）ふうりん
（○）たき火《び》　（　）せんぷうき
（　）かき氷《ごおり》　（○）ストーブ

(2) 土《つち》の中《なか》で育《そだ》つ、冬《ふゆ》においしいやさいを二《ふた》つえらんで○をつけましょう。

（○）にんじん　（　）きのこ
（○）だいこん　（　）きゅうり

(3) 次《つぎ》の文《ぶん》は、冬《ふゆ》のある日《ひ》の出来事《できごと》を日記《にっき》に書《か》いた文章《ぶんしょう》です。（　）にあてはまる言葉《ことば》を□からえらんで書《か》きましょう。

きのうの夜《よる》のうちにふった雪《ゆき》が、朝《あさ》になるとつもっていました。

あたり一面《いちめん》が（銀世界）です。父《ちち》は、朝早《あさはや》く家《いえ》の外《そと》に出《で》て、人《ひと》が通《とお》れるように（雪かき）をしました。

その間《あいだ》、ぼくと妹《いもうと》は（雪がっせん）をして遊《あそ》びました。

・雪《ゆき》かき　・雪《ゆき》がっせん　・銀世界《ぎんせかい》

63頁

詩《し》のくふうを楽《たの》しもう (1)

名前

● 次《つぎ》の詩《し》を二回《にかい》読《よ》んで、答《こた》えましょう。

和田《わだ》 誠《まこと》

からはおもくて
たくさんあるくと
つかれるけれど
むりしてたてた
りっぱなおうち

（令和二年度版　光村図書　国語三下　あおぞら　和田　誠）

(1) 何《なに》かがかくれている詩《し》です。それぞれの行《ぎょう》のさいしょの字《じ》をつなげた言葉《ことば》を書《か》きましょう。

かたつむり

(2) 何《なに》がおもいといっていますか。

から

(3) たくさんあるくと、どうなるといっていますか。

つかれる

(4) 「りっぱなおうち」について答《こた》えましょう。

① だれのおうちのことですか。

かたつむり

② 何《なん》のことを表《あらわ》していますか。詩《し》の中《なか》から二文字《にもじ》の言葉《ことば》で答《こた》えましょう。

から

本書の解答は，あくまでもひとつの例です。児童に取り組ませる前に，必ず指導される方が問題を解いてください。指導される方の作られた解答をもとに，児童の多様な考えに寄り添って○つけをお願いします。

64頁

詩《し》のくふうを楽《たの》しもう (2)

名前

● 次《つぎ》の詩《し》を二回《にかい》読《よ》んで、答《こた》えましょう。

ことばはつなぐ　はせ　みつこ

とおくとちかく
㋐ ばらとみつばち
㋑ だれかとだれか
㋒ いまとむかし
㋓ すきときらい
㋔ きみとわたし

（令和二年度版　光村図書　国語三下　あおぞら　はせ　みつこ）

(1) 何《なに》かがかくれている詩《し》です。それぞれの行《ぎょう》のさいしょの字《じ》をつなげた言葉《ことば》を書《か》きましょう。

ことば
だいすき

(2) 「とおくとちかく」について答《こた》えましょう。

① 「とおく」と「ちかく」とは、どのような言葉《ことば》の組《く》み合《あ》わせですか。○をつけましょう。

（　）にた意味《いみ》の言葉《ことば》の組《く》み合《あ》わせ。
（○）はんたいの意味《いみ》の言葉《ことば》の組《く》み合《あ》わせ。

② ㋐～㋔の中《なか》で、「とおくとちかく」と同《おな》じような言葉《ことば》の組《く》み合《あ》わせのものを、二《ふた》つ見《み》つけて書《か》き出《だ》しましょう。

［いまとむかし］
［すきときらい］

65頁

カンジーはかせの 音《おん》訓《くん》かるた (1)

名前

● 次《つぎ》の——線《せん》の漢字《かんじ》の読《よ》みがなを書《か》きましょう。

①
公園《こうえん》に　小《ちい》さな　すべり台《だい》が　ある。（ちい）
ぼくは、小学校へ　行《い》く。（しょうがっこう）

②
母《はは》は、羊毛の　毛糸《けいと》で　マフラーを　あむ。（ようもう）
ぼくじょうに　たくさんの　羊が　いる。（ひつじ）

③
わたしの　おじいちゃんは　大工だ。（だいく）
日曜日《にちようび》に、スポーツ大会が　ある。（たいかい）
赤《あか》ちゃんは、大きな　声《こえ》で　ないた。（おお）

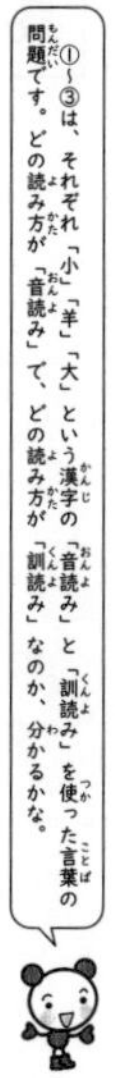

66頁

カンジーはかせの 音《おん》訓《くん》かるた (2)

名前

● 次《つぎ》の——線《せん》の漢字《かんじ》の読《よ》みがなを書《か》きましょう。

①
弟《おとうと》は、左足《ひだりあし》で　小《ち》さな　石を　けった。（いし）
となりの　町《まち》で、きょうりゅうの　化石が　見《み》つかった。（かせき）

②
船《ふね》は、汽笛を　ならして　進《すす》む。（きてき）
兄《あに》は、口笛の　名人《めいじん》だ。（くちぶえ）

③
先生《せんせい》は、みんなの　意見《いけん》を　聞《き》いてから　発言した。（はつげん）
わたしは、お礼《れい》の　言葉を　手紙《てがみ》に　書《か》いた。（ことば）
ぼくは、話《はな》し合《あ》いで　意見《いけん》を　言った。（い）

67頁

カンジーはかせの 音《おん》訓《くん》かるた (3)

名前

(1) 次《つぎ》の——線《せん》の漢字《かんじ》の読《よ》みがなを書《か》きましょう。

① わたしは、朝食のとき、いつも　パンを　食べている。（ちょうしょく）（た）

② 日記を　書《か》き始《はじ》めて、きょうで　四日目だ。（にっき）（よっかめ）

③ こんどの　遠足の　行《い》き先《さき》は、遠くの　水族館《すいぞくかん》だ。（えんそく）（とお）

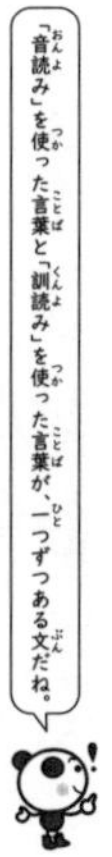

(2) 次《つぎ》の文《ぶん》の□には、同《おな》じ漢字《かんじ》が入《はい》ります。その漢字《かんじ》を□に書《か》きましょう。

① ぼくは、しょうぎの　□負《しょうぶ》に　□《か》って　うれしかった。
② 相手《あいて》チームの　□手《とうしゅ》が　速《はや》い　球《たま》を　□《な》げた。
③ 兄《あに》は、旅先《たびさき》の　□《やど》で　□題《しゅくだい》を　した。
④ 姉《あね》は、□代紙《ちよがみ》で　□羽《せんば》の　つるを　おった。

勝　投　宿　千

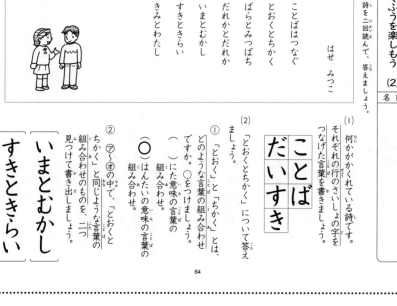

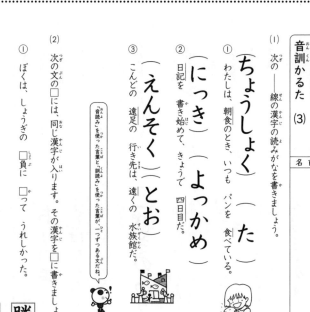

68頁

カンジーはかせの 音訓《おんくん》かるた (4)

名前

(1) 次《つぎ》の——線《せん》の漢字《かんじ》の読《よ》みがなを書《か》きましょう。

① 先生は、だれよりも 先に 教室《きょうしつ》に 入《はい》った。
（せんせい）（さき）

② 母《はは》は、家《いえ》の 車庫に、赤《あか》い 車を とめた。
（しゃこ）（くるま）

③ 学校《がっこう》の 行事で 動物園《どうぶつえん》へ 行った。
（ぎょうじ）（い）

(2) 次《つぎ》の文《ぶん》の□には、同《おな》じ漢字《かんじ》が入《はい》ります。その漢字《かんじ》を□に書《か》きましょう。

① わたしは、音□《おんがく》を □《たの》しく 聞《き》く。

② 先生《せんせい》は、□室《きょうしつ》で 算数《さんすう》を □《おし》える。

③ 外□《がいこく》の 人《ひと》から、その □《くに》の 文化《ぶんか》を 学《まな》ぶ。

④ ぼくの □友《しんゆう》は 本《ほん》に □《した》しむ 人《ひと》だ。

楽　教　国　親

69頁

ありの行列《ぎょうれつ》 (1)

名前

● 次《つぎ》の文章《ぶんしょう》を二回《にかい》読《よ》んで、答《こた》えましょう。

1

（アメリカのウイルソンという学者《がくしゃ》が、なぜ、ありの行列《ぎょうれつ》ができるのかを調《しら》べるために、実験《じっけん》をしました。）

はじめに、ありの巣《す》から少《すこ》しはなれた所《ところ》に、ひとつまみのさとうをおきました。しばらくすると一《いっ》ぴきのありが、そのさとうを見《み》つけました。

2

㋐これは、えさをさがすために、外《そと》に出《で》ていたはたらきありです。ありは、やがて、巣《す》に帰《かえ》っていきました。

（令和二年度版　光村図書　国語三下　あおぞら　大滝《おおたき》　哲也《てつや》）

1

(1) ウイルソンは、どんな所《ところ》に、ひとつまみのさとうをおきましたか。（習《なら》っていない漢字《かんじ》は、ひらがなで書《か》きましょう。）

［ ありの巣 から 少しはなれた 所《ところ》。］

(2) さとうを見《み》つけたのは、だれでしたか。

［ 一ぴきのあり ］

2

(1) ㋐これとは、何《なん》のことを指《さ》していますか。○をつけましょう。

（　）ひとつまみのさとう。

（○）さとうを見《み》つけた一《いっ》ぴきのあり。

(2) はたらきありは、何《なん》のために外《そと》に出《で》ていたのですか。

［ えさをさがす ため。］

70頁

ありの行列《ぎょうれつ》 (2)

名前

● 次《つぎ》の文章《ぶんしょう》を二回《にかい》読《よ》んで、答《こた》えましょう。

1

（さとうを見《み》つけた一《いっ》ぴきのありが、巣《す》に帰《かえ》っていきました。）

すると、巣《す》の中《なか》から、たくさんのはたらきありが、次々《つぎつぎ》と出《で》てきました。㋐、列《れつ》を作《つく》って、さとうの所《ところ》まで行《い》きました。

2

ふしぎなことに、㋑その行列《ぎょうれつ》は、はじめのありが巣《す》に帰《かえ》るときに通《とお》った道《みち》すじから、外《はず》れていないのです。

（令和二年度版　光村図書　国語三下　あおぞら　大滝《おおたき》　哲也《てつや》）

1

(1) 巣《す》の中《なか》から、何《なに》が次々《つぎつぎ》と出《で》てきましたか。

［ たくさんのはたらきあり ］

(2) ㋐にあてはまる言葉《ことば》に○をつけましょう。

（　）だから　（○）そして

(3) はたらきありは、列《れつ》を作《つく》って、どこまで行《い》きましたか。

［ さとうの所 まで。］

2

(1) ㋑その行列《ぎょうれつ》とは、どんな行列《ぎょうれつ》ですか。○をつけましょう。

（○）さとうの所《ところ》まで行《い》くありの行列《ぎょうれつ》。

（　）巣《す》の中《なか》へ帰《かえ》るありの行列《ぎょうれつ》。

(2) どのようなことが、ふしぎなことだというのですか。

ありの行列《ぎょうれつ》は、はじめのありが巣《す》に帰《かえ》るときに通《とお》った

［ 道すじ から、外れていない こと。］

71頁

ありの行列《ぎょうれつ》 (3)

名前

● 次《つぎ》の文章《ぶんしょう》を二回《にかい》読《よ》んで、答《こた》えましょう。

1

（はじめに、ありの巣《す》から少《すこ》しはなれた所《ところ》に、ひとつまみのさとうをおく実験《じっけん》をしました。すると、ありは列《れつ》を作《つく》って、さとうのある所《ところ》まで行《い》きました。）

次《つぎ》に、この道《みち》すじに大《おお》きな石《いし》をおいて、ありの行《ゆ》く手《て》をさえぎってみました。㋐、ありの行列《ぎょうれつ》は、石《いし》の所《ところ》でみだれて、㋑ちりぢりになってしまいました。

※行《ゆ》く手《て》…進《すす》んでいく方向《ほうこう》。
※さえぎる…じゃまをして通《とお》れなくする。

2

ようやく、一《いっ》ぴきのありが、石《いし》の向《む》こうがわに道《みち》のつづきを見《み》つけました。そして、さとうに向《む》かって進《すす》んでいきました。

（令和二年度版　光村図書　国語三下　あおぞら　大滝《おおたき》　哲也《てつや》）

1

(1) 次《つぎ》に、どんな実験《じっけん》をしましたか。

［ ありの巣《す》からさとうの所《ところ》までの道《みち》すじに 大きな石 を おいて、ありの 行く手 を さえぎってみた。］

(2) ㋐にあてはまる言葉《ことば》に○をつけましょう。

（　）しかし

（○）すると

(3) ㋑ちりぢりとは、どんな意味《いみ》ですか。○をつけましょう。

（　）丸《まる》くちぢまっていく様子《ようす》。

（○）ばらばらになる様子《ようす》。

2

(1) 一《いっ》ぴきのありが、石《いし》の向《む》こうがわに見《み》つけたものは、何《なん》でしたか。

［ 道のつづき ］

(2) そして、一《いっ》ぴきのありは、何《なに》に向《む》かって進《すす》んでいきましたか。

［ さとう ］

解答例

本書の解答は，あくまでもひとつの例です。児童に取り組ませる前に，必ず指導される方が問題を解いてください。指導される方の作られた解答をもとに，児童の多様な考えに寄り添って○つけをお願いします。

72 頁

ありの行列《ぎょうれつ》 (4)

名前

● 次《つぎ》の文章《ぶんしょう》を二回《にかい》読《よ》んで、答《こた》えましょう。

1

〔大《おお》きな石《いし》のところでちりぢりになったありのうち、一《いっ》ぴきのありが、ようやく道《みち》のつづきを見《み》つけ、さとうに向《む》かって進《すす》みました。〕

そのうちに、他《ほか》のありたちも、一《いっ》ぴき二《に》ひきと道《みち》を見《み》つけて歩《ある》きだしました。

㋐ だんだんに、ありの行列《ぎょうれつ》ができていきました。

2

㋑目的地《もくてきち》に着《つ》くと、ありは、さとうのつぶを持《も》って、巣《す》に帰《かえ》っていきました。帰《かえ》るときも、行列《ぎょうれつ》の道《みち》すじはかわりません。ありの行列《ぎょうれつ》は、さとうのかたまりがなくなるまでつづきました。

(令和二年度版　光村図書　国語三下　あおぞら　大滝《おおたき》　哲也《てつや》)

1

(1) 他《ほか》のありたちが見《み》つけたものは、何《なん》ですか。

さとうに向《む》かう 道。

(2) ㋐にあてはまる言葉《ことば》を一《ひと》つえらんで、○をつけましょう。

(　)けれども
(○)また
(　)それとも

2

(1) ㋑目的地《もくてきち》とは、何《なん》のことですか。一《ひと》つに○をつけましょう。

(　)大《おお》きな石《いし》。
(　)ありの巣《す》。
(○)さとうのかたまり。

(2) ありが巣《す》に帰《かえ》るときの様子《ようす》で、あてはまる方《ほう》に○をつけましょう。

(　)さとうのつぶを持《も》っていなかった。
(○)行列《ぎょうれつ》の道《みち》すじはかわらなかった。

(3) ありの道《みち》は、いつまでつづきましたか。

さとうのかたまりが なくなる までつづいた。

73 頁

ありの行列《ぎょうれつ》 (5)

もっと読《よ》もう

名前

● 「ありの行列《ぎょうれつ》」にかかわる次《つぎ》の文章《ぶんしょう》を二回《にかい》読《よ》んで、答《こた》えましょう。

●においのある、とくべつのえきを出《だ》すのは、えさを持《も》って帰《かえ》るときだけか。

ありは、道《みち》しるべになる、においのあるえきだけでなく、他《ほか》にもいくつかの、においのあるえきを出《だ》して、なかまとつたえ合《あ》っています。

たとえば、てきなどのきけんが近《ちか》づいていることを知《し》らせるときに出《だ》すものや、なかまを集《あつ》めるために出《だ》すものなどがあります。

(令和二年度版　光村図書　国語三下　あおぞら「ありの行列　もっと読もう」による)

(1) ありが、においのある、とくべつのえきを出《だ》すのは、えさを持《も》って帰《かえ》るときだけですか。○をつけましょう。

(　)はい。
(○)いいえ。他《ほか》にもいくつかある。

(2) ありは、においのあるえきを出《だ》して、だれとつたえ合《あ》っていますか。

なかま

(3) ありが、道《みち》しるべになるものの他《ほか》に、においのあるえきを出《だ》す、二《ふた》つのれいが書《か》かれています。文章《ぶんしょう》の中《なか》から書《か》き出《だ》しましょう。

てきなどのきけんが近づいていることを知らせるとき に出《だ》すもの。

なかまを集めるため に出《だ》すもの。

74 頁

つたわる言葉《ことば》で表《あらわ》そう

名前

● 教科書《きょうかしょ》の「つたわる言葉《ことば》で表《あらわ》そう」を読《よ》んで、答《こた》えましょう。

次《つぎ》の㋐、㋑の文章《ぶんしょう》は、田中《たなか》さんが運動会《うんどうかい》の感想《かんそう》を書《か》いた文章《ぶんしょう》です。この文章《ぶんしょう》を二回《にかい》読《よ》んで、答《こた》えましょう。

㋐
運動会《うんどうかい》は、がんばれたからよかった。

㋑
リレーで走《はし》っているとき、友《とも》だちのおうえんする声《こえ》が聞《き》こえてきた。苦《くる》しかったけれど、さいごまで全力《ぜんりょく》で走《はし》り、一等《いっとう》になれてよかった。

(令和二年度版　光村図書　国語三下　あおぞら「つたわる言葉で表そう」による)

(1) 田中《たなか》さんの気持《きも》ちが、読《よ》む人《ひと》によくつたわるのは、㋐と㋑のどちらですか。記号《きごう》で答《こた》えましょう。

㋑

(2) ㋑の文章《ぶんしょう》について答《こた》えましょう。

① 運動会《うんどうかい》の、どのきょうぎについての文章《ぶんしょう》ですか。

リレー

② 田中《たなか》さんは、どんなことをがんばったのですか。○をつけましょう。

(　)おうえんしたこと。
(○)苦《くる》しくても、さいごまで全力《ぜんりょく》で走《はし》ったこと。

③ 田中《たなか》さんは、どんなことをよかったと書《か》いていますか。

苦《くる》しくても、さいごまで全力《ぜんりょく》で走《はし》り、 一等 になれたこと。

75 頁

これがわたしのお気《き》に入《い》り (1)

名前

● 教科書《きょうかしょ》の「これがわたしのお気《き》に入《い》り」を読《よ》んで、答《こた》えましょう。

高山《たかやま》さんは、この一年間《いちねんかん》に作《つく》った自分《じぶん》の作品《さくひん》の中《なか》から一《ひと》つをえらび、その作品《さくひん》をしょうかいすることにしました。次《つぎ》のメモは、その文章《ぶんしょう》を書《か》くために書《か》いた組《く》み立《た》てメモです。このメモを読《よ》んで答《こた》えましょう。

(㋐)
図工《ずこう》で作《つく》った小物入《こものい》れ

作品《さくひん》の(㋑)
・ざいりょう　ペットボトル、ねん土《ど》、絵《え》の具《ぐ》
・作《つく》り方《かた》
・えんぴつを入《い》れる。

しょうかいしたい(㋒)
① きれいな色《いろ》にできた。
・絵《え》の具《ぐ》を少《すこ》しずつふやした。
・よくこねた。
② 家《いえ》の人《ひと》にも大《だい》こうひょうだった。
・お姉《ねえ》ちゃんの言葉《ことば》。
・電話《でんわ》の近《ちか》くにおいて、みんなで使《つか》っている。

※大《だい》こうひょう…とてもひょうばんがよいこと。

(令和二年度版　光村図書　国語三下　あおぞら「これがわたしのお気に入り」による)

(1) 上《うえ》のメモの㋐〜㋒にあてはまる言葉《ことば》を □ からえらんで書《か》きましょう。

㋐ (えらんだ作品)
㋑ (せつめい)
㋒ (理由)

・理由《りゆう》
・えらんだ作品《さくひん》
・せつめい

(2) 上《うえ》のメモの①、②のところは、何《なに》についてくわしく書《か》きとめたものですか。□ からえらんで記号《きごう》で答《こた》えましょう。

① あ
② い

あ くふうしたところ、がんばったところ。
い まわりの人《ひと》の感想《かんそう》。

76頁

これがわたしのお気《き》に入《い》り　(2)

名前

● 次《つぎ》の文《ぶん》は、高山《たかやま》さんが書《か》いた、「小物入《こものい》れ」をしょうかいする文章《ぶんしょう》です。この文章《ぶんしょう》を読《よ》んで、問題《もんだい》に答《こた》えましょう。

① 花《はな》もようが大《だい》こうひょう

高山《たかやま》　みお

② わたしのお気《き》に入《い》りの作品《さくひん》は，図工《ずこう》の時間《じかん》に作《つく》った小物入《こものい》れです。

③ 絵《え》の具《ぐ》をまぜたねん土《ど》を，ペットボトルにはって作《つく》りました。細長《ほそなが》いので，えんぴつやペンを入《い》れるのに使《つか》えます。

④ この作品《さくひん》をしょうかいしたい理由《りゆう》は，二《ふた》つあります。

一《ひと》つは，ねん土《ど》をきれいな色《いろ》にできたことです。ねん土《ど》にまぜる絵《え》の具《ぐ》が少《すく》ないと，色《いろ》がうすくなります。反対《はんたい》に，多《おお》すぎるとこくなってしまいます。少《すこ》しずつ絵《え》の具《ぐ》をふやして，自分《じぶん》の思《おも》ったとおりの色《いろ》にしました。それから，全体《ぜんたい》が同《おな》じ色《いろ》になるまで，ねん土《ど》をよくこねました。

もう一《ひと》つは，家《いえ》の人《ひと》にも大《だい》こうひょうだったことです。持《も》って帰《かえ》ると，お姉《ねえ》ちゃんが，「花《はな》のもようがかわいいね。」と言《い》ってくれました。えんぴつやペンを入《い》れて電話《でんわ》の近《ちか》くにおいたら，みんなが使《つか》ってくれています。

※大《だい》こうひょう…とてもひょうばんがよいこと。

（令和二年度版　光村図書　国語三下　あおぞら「これがわたしのお気に入り」による）

(1) 右《みぎ》の文章《ぶんしょう》の組《く》み立《た》ては、どんなじゅんばんになっていますか。（　）に１～４の番号《ばんごう》を書《か》きましょう。

（ **1** ）題名《だいめい》

（ **4** ）しょうかいしたい理由《りゆう》

（ **2** ）えらんだ作品《さくひん》

（ **3** ）作品《さくひん》のせつめい

(2) ④の部分《ぶぶん》の文章《ぶんしょう》で使《つか》われているくふうを、二《ふた》つえらんで〇をつけましょう。

（　）しょうかいした理由《りゆう》を一《ひと》つだけ書《か》いている。

（ **〇** ）しょうかいした理由《りゆう》を書《か》くとき、「一《ひと》つは」、「もう一《ひと》つは」と分《わ》けて書《か》いている。

（ **〇** ）まわりの人《ひと》の感想《かんそう》を、会話文《かいわぶん》の形《かたち》で書《か》いている。

77頁

コンピュータのローマ字入力《にゅうりょく》

名前

コンピュータで，キーボードを使《つか》って文字《もじ》を入力《にゅうりょく》するときの打《う》ち方《かた》の決《き》まりをたしかめましょう。

① 「し」「ち」「ふ」など，ローマ字《じ》での書《か》き方《かた》が二《ふた》つあるものは，どちらの打《う》ち方《かた》でも入力《にゅうりょく》できる。
〈れい〉「SI」「SHI」→し，「TI」「CHI」→ち，「HU」「FU」→ふ，「ZI」「JI」→じ，「SYA」「SHA」→しゃ

② 「ぢ」「づ」「を」「ん」などは，ふつう、次《つぎ》のように打《う》つ。
「DI」→ぢ，「DU」→づ，「WO」→を，「NN」→ん

③ のばす音《おん》は，平《ひら》がなで書《か》かれたとおりに打《う》つ。かたかなの言葉《ことば》は，-を打《う》つ。
〈れい〉「KUUKI」→くうき　（書《か》き表《あらわ》し方《かた》「kuki」），「NO-TO」→ノート

ひらがなののばす音《おん》は，書《か》き表《あらわ》し方《かた》とはちがうので，気《き》をつけよう。

(1) 次《つぎ》の文字《もじ》をコンピュータのキーボードに入力《にゅうりょく》すると，どんな言葉《ことば》になりますか。ひらがなで書《か》きましょう。

① HACHI （ **はち** ）　② FUNE （ **ふね** ）

(2) 次《つぎ》の言葉《ことば》をコンピュータのキーボードに入力《にゅうりょく》するとき，どのように打《う》つとよいでしょう。正《ただ》しいほうに〇をつけましょう。

① はなぢ（ HANAGI・**HANADI** ）　② ぼうし（ **BOUSI**・BOSI ）

③ ばった（ **BATTA**・BATA ）　④ ケーキ（ KEEKI・**KE-KI** ）

⑤ ほん　を　かう（ **HONN WO KAU**・HON O KAU ）

78頁

わたしたちの学校《がっこう》じまん　(1)

名前

教科書《きょうかしょ》の「わたしたちの学校《がっこう》じまん」を読《よ》んで、答《こた》えましょう。

● 学校《がっこう》のじまんしたいことを、グループで一《ひと》つえらんで、発表《はっぴょう》する活動《かつどう》をします。学校《がっこう》のじまんしたいことを決《き》めるために、発表《はっぴょう》する相手《あいて》や目的《もくてき》などを次《つぎ》のように整理《せいり》しました。（　）にあてはまる言葉《ことば》を□からえらんで答《こた》えましょう。

・発表《はっぴょう》する場《ば》…さんかん日《び》

・発表《はっぴょう》すること…学校《がっこう》のじまん

・発表《はっぴょう》する（ **相手** ）【だれに】…家《いえ》の人《ひと》、ちいきの方《かた》

・発表《はっぴょう》する（ **目的** ）【何《なん》のために】…小学校《しょうがっこう》のよいところを知《し》ってもらうため

・（ **時間** ）…一《いち》グループ五分《ごふん》

・（ **場所** ）【どこで】…教室《きょうしつ》

・相手《あいて》　・時間《じかん》
・場所《ばしょ》　・目的《もくてき》

79頁

わたしたちの学校《がっこう》じまん　(2)

名前

教科書《きょうかしょ》の「わたしたちの学校《がっこう》じまん」を読《よ》んで、答《こた》えましょう。

● 次《つぎ》の文章《ぶんしょう》は「学校《がっこう》じまん」の発表《はっぴょう》の一部《いちぶ》です。二回《にかい》読《よ》んで、答《こた》えましょう。

〔わたしたちがじまんしたいのは、「にこにこ広場《ひろば》」です。じまんしたい理由《りゆう》は、二《ふた》つあります。一《ひと》つ目《め》は、気持《きも》ちのよさです。〕

二《ふた》つ目《め》は、そうじや手入《てい》れがされていることです。

←大《おお》きな声《こえ》で、はっきりと

「にこにこ広場《ひろば》」の毎日《まいにち》のそうじは、わたしたち三年生《さんねんせい》の仕事《しごと》です。←㋐草取《くさと》りの写真《しゃしん》　この写真《しゃしん》を見《み》てください。←㋑間《ま》を取《と》る　夏《なつ》には、みんなで草取《くさと》りをするなど、しばふの手入《てい》れもてつだいます。

←ゆっくり話《はな》す

ちいきのみなさんにも、きれいな広場《ひろば》を見《み》てもらいたいです。

※間《ま》を取《と》る…少《すこ》し時間《じかん》をあけて、まつこと。

（令和二年度版　光村図書　国語三下　あおぞら「わたしたちの学校じまん」による）

(1) ㋐草取《くさと》りの写真《しゃしん》とは、このとき、写真《しゃしん》をどうすることを表《あらわ》していますか。〇をつけましょう。

（　）「写真《しゃしん》」を持《も》っている人《ひと》がいないかを問《と》いかけている。

（ **〇** ）聞《き》いている人《ひと》に「写真《しゃしん》」を見《み》せる。

(2) ㋑間《ま》を取《と》るのは、どうしてですか。一《ひと》つに〇をつけましょう。

（ **〇** ）写真《しゃしん》を見《み》る時間《じかん》をとるため。

（　）とくに聞《き》いてもらいたいため。

（　）ちがう話題《わだい》にかわるため。

(3) 上《うえ》の発表《はっぴょう》の場面《ばめん》の中《なか》で、声《こえ》の強弱《きょうじゃく》や速《はや》さでは、どんなくふうをして発表《はっぴょう》していますか。三《みっ》つ書《か》き出《だ》しましょう。

大きな 声《こえ》で、言《い》う。

はっきり と言《い》う。

ゆっくり 話《はな》す。

本書の解答は，あくまでもひとつの例です。児童に取り組ませる前に，必ず指導される方が問題を解いてください。指導される方の作られた解答をもとに，児童の多様な考えに寄り添って○つけをお願いします。

80頁

モチモチの木《き》 (1)

● 次《つぎ》の文章《ぶんしょう》を二回《にかい》読《よ》んで、答《こた》えましょう。

名前

1

全《まった》く、豆太《まめた》ほど
㋐おくびょうなやつはない。
もう五《いつ》つにもなったんだから、
夜中《よなか》に、一人《ひとり》でせっちんぐらいに
行《い》けたっていい。

※せっちん…トイレのこと。

2

ところが、豆太《まめた》は、せっちんは
表《おもて》にあるし、表《おもて》には大《おお》きな
モチモチの木《き》がつっ立《た》っていて、
㋑空《そら》いっぱいのかみの毛《け》を
バサバサとふるって、両手《りょうて》を
「わあっ。」とあげるからって、
夜中《よなか》には、じさまについてって
もらわないと、
一人《ひとり》じゃ
しょうべんも
できないのだ。

（令和二年度版　光村図書　国語三下　あおぞら　斎藤《さいとう》　隆介《りゅうすけ》）

1

(1) ㋐おくびょうとは、どんな意味《いみ》ですか。一《ひと》つに○をつけましょう。

(○) こわがり。気《き》が弱《よわ》い。
( ) おこりっぽい。
( ) 体《からだ》が小《ちい》さい。

(2) 豆太《まめた》が一人《ひとり》でせっちんに行《い》けないのは、一日《いちにち》のうちのいつのことですか。

〔 夜中 〕

2

(1) 豆太《まめた》の家《いえ》の表《おもて》には、せっちんの他《ほか》に、何《なに》がつっ立《た》っていますか。

〔 (大きな) モチモチの木 〕

(2) ㋑空《そら》いっぱいの…「わあっ。」とあげるから、豆太《まめた》が、モチモチの木《き》のことをどのように思《おも》っていると考《かんが》えられますか。○をつけましょう。

( ) 楽《たの》しくて、おもしろい。
(○) こわくて、おそろしい。

(3) 豆太《まめた》が夜中《よなか》にせっちんに行《い》くとき、だれについてきてもらいますか。

〔 じさま 〕

81頁

モチモチの木《き》 (2)

● 次《つぎ》の文章《ぶんしょう》を二回《にかい》読《よ》んで、答《こた》えましょう。

名前

1

じさまは、ぐっすりねむって
いる真夜中《まよなか》に、豆太《まめた》が
「じさまぁ。」って、どんなに
小《ちい》さい声《こえ》で言《い》っても、
「しょんべんか。」と、㋐すぐ目《め》を
さましてくれる。いっしょに
ねている一《いち》まいしかないふとんを、
ぬらされちまうよりいいからなぁ。

2

それに、とうげの
りょうし小屋《ごや》に、
自分《じぶん》とたった二人《ふたり》で
くらしている豆太《まめた》が、
かわいそうで、
かわいかったからだろう。

（令和二年度版　光村図書　国語三下　あおぞら　斎藤《さいとう》　隆介《りゅうすけ》）

1

(1) ㋐すぐ目《め》をさましてくれるのは、だれですか。

〔 じさま 〕

(2) じさまが、㋐すぐ目《め》をさましてくれるのは、なぜですか。一《ひと》つ目《め》の理由《りゆう》を書《か》きましょう。

いっしょにねている［ふとん］をぬらされてしまうよりいいから。

2

(1) じさまが、㋐すぐ目《め》をさましてくれる、二《ふた》つ目《め》の理由《りゆう》を書《か》きましょう。

豆太《まめた》のことが、［かわいそう］で、［かわいかった］から。

(2) 豆太《まめた》は、どこに、だれとくらしていますか。

・どこ（に）〔 (とうげの) りょうし小屋 〕
・だれ（と）〔 じさま 〕

82頁

モチモチの木《き》 (3)

● 次《つぎ》の文章《ぶんしょう》を二回《にかい》読《よ》んで、答《こた》えましょう。

名前

1

〔今夜《こんや》は、モチモチの木《き》に灯《ひ》がともるばんなんだそうだ。じさまは、「その灯《ひ》は、勇気《ゆうき》のある子《こ》どもだけが見《み》ることができる。」と言《い》う。〕

豆太《まめた》は、真夜中《まよなか》に、ひょっと
目《め》をさました。頭《あたま》の上《うえ》で、
くまの㋐うなり声《ごえ》が聞《き》こえた
からだ。
「じさまぁっ。」
むちゅうでじさまに
しがみつこうとしたが、
じさまはいない。

2

「ま、豆太《まめた》、心配《しんぱい》すんな。
じさまは、じさまは、
ちょっとはらがいてえ
だけだ。」
まくら元《もと》で、くまみたいに
体《からだ》を丸《まる》めてうなって
いたのは、
じさまだった。

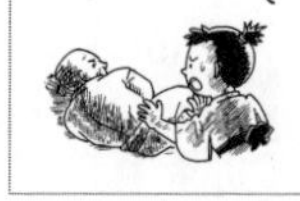

（令和二年度版　光村図書　国語三下　あおぞら　斎藤《さいとう》　隆介《りゅうすけ》）

1

(1) 豆太《まめた》が、目《め》をさましたのは、いつのことですか。

〔 真夜中 〕

(2) 豆太《まめた》が、ひょっと目《め》をさましたのは、なぜですか。文章《ぶんしょう》の中《なか》から書《か》き出《だ》して答《こた》えましょう。

〔 頭の上で、くまのうなり声が聞こえたから。 〕

2

(1) くまみたいに体《からだ》を丸《まる》めてうなっていたのは、だれでしたか。

〔 じさま 〕

(2) 豆太《まめた》が聞《き》いた㋐うなり声《ごえ》とは、だれの声《こえ》でしたか。○をつけましょう。

( ) くま　(○) じさま

(3) じさまは、どこで体《からだ》を丸《まる》めてうなっていましたか。○をつけましょう。

( ) 豆太《まめた》のとなりの、ふとんの中《なか》。
(○) 豆太《まめた》の頭《あたま》の上《うえ》の、まくら元《もと》。

83頁

モチモチの木《き》 (4)

● 次《つぎ》の文章《ぶんしょう》を二回《にかい》読《よ》んで、答《こた》えましょう。

名前

1

〔豆太《まめた》は、真夜中《まよなか》に、じさまのうなり声《ごえ》で目《め》をさました。じさまは、まくら元《もと》で、体《からだ》を丸《まる》めてうなっていた。〕

㋐「じさまっ。」
こわくて、びっくらして、
豆太《まめた》はじさまにとびついた。
［㋑］、じさまは、
ころりとたたみに転《ころ》げると、
歯《は》を食《く》いしばって、
ますますすごくうなるだけだ。

2

「医者様《いしゃさま》をよばなくっちゃ。」
豆太《まめた》は、小犬《こいぬ》みたいに
体《からだ》を丸《まる》めて、表戸《おもてど》を体《からだ》で
ふっとばして走《はし》りだした。

（令和二年度版　光村図書　国語三下　あおぞら　斎藤《さいとう》　隆介《りゅうすけ》）

1

(1) ㋐「じさまっ。」と言《い》ったときの豆太《まめた》は、どんな気持《きも》ちでしたか。二《ふた》つに○をつけましょう。

(○) こわい
( ) おかしい
( ) かなしい
(○) びっくり

(2) ［㋑］にあてはまる言葉《ことば》を一《ひと》つえらんで○をつけましょう。

( ) そのため
(○) けれども
( ) ところで

2

(1) 豆太《まめた》は、何《なに》をしなくっちゃと考《かんが》えましたか。文章《ぶんしょう》の中《なか》の言葉《ことば》を書《か》き出《だ》しましょう。

〔 医者様をよばなくっちゃ。 〕

(2) 豆太《まめた》は体《からだ》をどのようにして、表戸《おもてど》をふっとばしましたか。

体《からだ》を［丸め］て、［小犬］みたいに表戸《おもてど》を体《からだ》でふっとばした。

84頁

モチモチの木《き》 (5)

名前

● 次《つぎ》の文章《ぶんしょう》を二回《にかい》読《よ》んで、答《こた》えましょう。

1

［真夜中《まよなか》に、歯《は》を食《く》いしばってうなっているじさまを見《み》た豆太《まめた》は、医者様《いしゃさま》をよびに家《いえ》から走《はし》りだした。］

㋐ねまきのまんま。はだしで。
半道《はんみち》もあるふもとの
村《むら》まで——。
　外《そと》はすごい星《ほし》で、月《つき》も
出《で》ていた。とうげの下《くだ》りの
坂道《さかみち》は、一面《いちめん》の真《ま》っ白《しろ》い霜《しも》で、
雪《ゆき》みたいだった。

※半道《はんみち》…やく二《に》キロメートル。

2

霜《しも》が足《あし》にかみついた。足《あし》からは
血《ち》が出《で》た。㋑豆太《まめた》は、なきなき
走《はし》った。いたくて、寒《さむ》くて、
こわかったからなぁ。
　でも、大《だい》すきなじさまの
死《し》んじまうほうが、
もっとこわかったから、
なきなきふもとの
医者様《いしゃさま》へ走《はし》った。

（令和二年度版　光村図書　国語三下　あおぞら　斎藤《さいとう》　隆介《りゅうすけ》）

1

(1) ㋐ねまきのまんま。はだしで。から、豆太《まめた》のどんな様子《ようす》が分《わ》かりますか。○をつけましょう。

（　）うなっているじさまのことをこわがっている様子《ようす》。

（○）じさまを心配《しんぱい》して、早《はや》く助《たす》けようとあわてている様子《ようす》。

(2) とうげの下《くだ》りの坂道《さかみち》は、どんな様子《ようす》でしたか。文章《ぶんしょう》の中《なか》から書《か》き出《だ》しましょう。

［一面の真っ白い霜で、雪みたいだった。］

2

(1) ㋑豆太《まめた》は、なきなき走《はし》ったとき、どんな気持《きも》ちでしたか。

［いたくて、寒くて、こわかった。］

(2) それでも豆太《まめた》がふもとの医者様《いしゃさま》へ走《はし》ったのは、なぜですか。

大《だい》すきなじさまの死《し》んじまうほうが、［もっとこわかった］から。

85頁

モチモチの木《き》 (6)

名前

● 次《つぎ》の文章《ぶんしょう》を二回《にかい》読《よ》んで、答《こた》えましょう。

［豆太《まめた》は、なきなきふもとの医者様《いしゃさま》へ走《はし》った。］

　これも、年《とし》よりじさまの
医者様《いしゃさま》は、豆太《まめた》からわけを
聞《き》くと、
㋐「おう、おう——。」
と言《い》って、
ねんねこばんてんに
薬箱《くすりばこ》と豆太《まめた》をおぶうと、
真夜中《まよなか》のとうげ道《みち》を、
㋑えっちら、おっちら、
じさまの小屋《こや》へ上《のぼ》ってきた。

※ねんねこばんてん…赤《あか》ちゃんをせおうときに、赤《あか》ちゃんをつつむように着《き》る、わた入《い》りのはんてん。

※おぶう…せなかにのせる。おんぶする。

（令和二年度版　光村図書　国語三下　あおぞら　斎藤《さいとう》　隆介《りゅうすけ》）

(1) 医者様《いしゃさま》がどんな年《とし》ごろの人《ひと》か分《わ》かる言葉《ことば》があります。文中《ぶんちゅう》の言葉六文字《ことばろくもじ》で答《こた》えましょう。

［年よりじさま］

(2) ㋐の言葉《ことば》は、だれが言《い》った言葉《ことば》ですか。

［医者様］

(3) ㋑えっちら、おっちらとは、どんな様子《ようす》を表《あらわ》していますか。○をつけましょう。

（　）かろやかにさっさと歩《ある》く様子《ようす》。

（○）たいへんそうにゆっくり歩《ある》く様子《ようす》。

(4) 医者様《いしゃさま》が、小屋《こや》へ上《のぼ》ってくるとき、せなかにおんぶしてきたものは何《なん》ですか。二《ふた》つ書《か》きましょう。

［薬箱］　［豆太］

86頁

モチモチの木《き》 (7)

名前

● 次《つぎ》の文章《ぶんしょう》を二回《にかい》読《よ》んで、答《こた》えましょう。

1

［医者様《いしゃさま》は、薬箱《くすりばこ》と豆太《まめた》をせおって、真夜中《まよなか》のとうげ道《みち》を、じさまの小屋《こや》へ上《のぼ》ってきた。］

　とちゅうで、月《つき》が出《で》てるのに、
雪《ゆき》がふり始《はじ》めた。
この冬《ふゆ》はじめての雪《ゆき》だ。
豆太《まめた》は、㋐そいつをねんねこの
中《なか》から見《み》た。
　そして、医者様《いしゃさま》のこしを、
足《あし》でドンドンけとばした。
じさまが、なんだか
死《し》んじまいそうな
気《き》がしたからな。

2

　豆太《まめた》は、小屋《こや》へ入《はい》るとき、
もう一《ひと》つ㋑ふしぎなものを見《み》た。
「モチモチの木《き》に、
灯《ひ》がついている。」

（令和二年度版　光村図書　国語三下　あおぞら　斎藤《さいとう》　隆介《りゅうすけ》）

1

(1) 豆太《まめた》が見《み》た、㋐そいつとは、何《なん》のことですか。○をつけましょう。

（　）モチモチの木《き》。

（○）月《つき》が出《で》ているのにふり始《はじ》めたこの冬《ふゆ》はじめての雪《ゆき》。

(2) 豆太《まめた》が、医者様《いしゃさま》のこしを、足《あし》でドンドンけとばしたのは、どんな気《き》がしたからですか。

［じさまが、なんだか死んじまいそうな気がしたから。］

2

(1) 豆太《まめた》が、㋑ふしぎなものを見《み》たのは、どんなときでしたか。

［小屋へ入るとき］

(2) 豆太《まめた》がこの夜《よる》に見《み》た、もう一《ひと》つの㋑ふしぎなものとは、何《なん》でしたか。
（習《なら》っていない漢字《かんじ》は、ひらがなで書《か》きましょう。）

［モチモチの木。］［灯］がついた

87頁

モチモチの木《き》 (8)

名前

● 次《つぎ》の文章《ぶんしょう》を二回《にかい》読《よ》んで、答《こた》えましょう。

1

［豆太《まめた》は、小屋《こや》へ入《はい》るとき、モチモチの木《き》に、灯《ひ》がついているのを見《み》た。］

　けれど、医者様《いしゃさま》は、
「あ、ほんとだ。
㋐まるで、灯《ひ》が
ついたようだ。
だども、あれは、とちの木《き》の
後《うし》ろにちょうど月《つき》が出《で》てきて、
えだの間《あいだ》に星《ほし》が光《ひか》ってるんだ。
そこに雪《ゆき》がふってるから、
明《あ》かりがついたように
見《み》えるんだべ。」
と言《い》って、小屋《こや》の中《なか》へ
入《はい》ってしまった。

2

　だから、豆太《まめた》は、その後《あと》は
知《し》らない。㋑医者様《いしゃさま》のてつだいを
して、かまどにまきをくべたり、
湯《ゆ》をわかしたりなんだり（などして）、
いそがしかったからな。

※まきをくべる…たきぎを火《ひ》の中《なか》に入《い》れてもやす。

（令和二年度版　光村図書　国語三下　あおぞら　斎藤《さいとう》　隆介《りゅうすけ》）

1

(1) 医者様《いしゃさま》は、㋐まるで、灯《ひ》がついたようなモチモチの木《き》のことを、豆太《まめた》にどのようにせつめいしましたか。

［木《き》の後《うし》ろに［月］が出《で》てきて、えだの間《あいだ》に［星］が光《ひか》り、そこに［雪］がふったため明《あ》かりがついたように見《み》える。］

(2) 医者様《いしゃさま》は、モチモチの木《き》に、明《あ》かりがついたと言《い》いましたか。○をつけましょう。

（　）はい。ほんとうに灯《ひ》がついている。

（○）いいえ。そのように見《み》えるだけで、ほんとうは、ついていない。

2

豆太《まめた》がした、㋑医者様《いしゃさま》のてつだいとは、どんなことでしたか。二《ふた》つ書《か》きましょう。

［かまどにまきをくべる］こと。

［湯をわかす］こと。

解答例

本書の解答は，あくまでもひとつの例です。児童に取り組ませる前に，必ず指導される方が問題を解いてください。指導される方の作られた解答をもとに，児童の多様な考えに寄り添って○つけをお願いします。

88頁

言葉《ことば》のたから箱《ばこ》(1)（考《かんが》えや気持《きも》ちをつたえる言葉《ことば》）

名前

考《かんが》えや気持《きも》ちをつたえる言葉《ことば》の意味《いみ》や使《つか》い方《かた》をたしかめましょう。

(1) 次《つぎ》の言葉《ことば》と反対《はんたい》の意味《いみ》を表《あらわ》す言葉《ことば》を□からえらんで書《か》きましょう。

① 注意深《ちゅういぶか》い ⟷ （うっかり）

② すなお ⟷ （いじっぱり）

③ いさましい ⟷ （おくびょう）

・おくびょう　・いじっぱり　・うっかり

(2) 次《つぎ》の文《ぶん》を読《よ》んで、——線《せん》を引《ひ》いた言葉《ことば》の意味《いみ》にあうものに○をつけましょう。

① きょうは、とくべつ寒《さむ》い日《ひ》だ。

（　）いつもと同《おな》じ様子《ようす》。

（○）ふつうとはちがう様子《ようす》。

② ぼくのかいた絵《え》は、家族《かぞく》にこうひょうだった。

（　）ふまんがあること。

（○）ひょうばんがよいこと。

③ これは、どっしりした重《おも》みのある本《ほん》だ。

（○）十分《じゅうぶん》に重《おも》い様子《ようす》。

（　）よごれていなくて、気持《きも》ちがいい様子《ようす》。

88

89頁

言葉《ことば》のたから箱《ばこ》(2)（考《かんが》えや気持《きも》ちをつたえる言葉《ことば》）

名前

考《かんが》えや気持《きも》ちをつたえる言葉《ことば》の意味《いみ》や使《つか》い方《かた》をたしかめましょう。

(1) 次《つぎ》の文《ぶん》を読《よ》んで、——線《せん》を引《ひ》いた言葉《ことば》の意味《いみ》にあうものに○をつけましょう。

① ねこが急《きゅう》に目《め》の前《まえ》を横切《よこぎ》って、ぎょっとした。

（○）思《おも》いがけないことが起《お》こって、おどろいた。

（　）ひどくこまった。

② いつのまにか新《あたら》しいビルがたっていて、わたしは目《め》をうたがった。

（　）心《こころ》が引《ひ》きつけられた。

（○）見《み》まちがいかと思《おも》うほど、しんじられなかった。

③ 兄《あに》は百《ひゃく》メートル走《そう》で一等《いっとう》になって、うちょうてんだ。

（○）とてもよろこんでいる様子《ようす》。

（　）思《おも》いがけないことに、おどろいている様子《ようす》。

(2) 次《つぎ》の文《ぶん》の（　）にあてはまる言葉《ことば》を□からえらんで書《か》きましょう。

① 何時間《なんじかん》も歩《ある》きつづけて、わたしはすっかり（くたびれた）。

② 学校《がっこう》の代表《だいひょう》にえらばれなくて、姉《あね》は（気落ちした）。

③ 家《いえ》でねことゆったりすごすと、心《こころ》が（なごんだ）。

・なごんだ　・くたびれた　・気落《きお》ちした

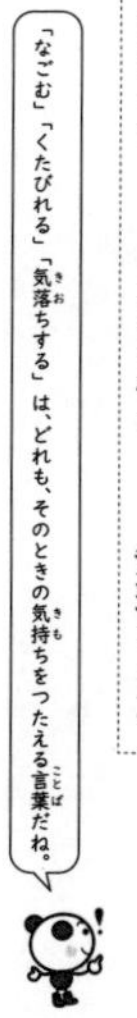

89

喜楽研 WEB サイト
書籍の最新情報（正誤表含む）は
喜楽研 WEB サイトをご覧下さい。

喜楽研の支援教育シリーズ
ゆっくり　ていねいに学べる
国語教科書支援ワーク 3-② 光村図書の教材より抜粋

2023 年 3 月 1 日

原稿検討：中村　幸成
イラスト：山口　亜耶　他
表紙イラスト：鹿川　美佳
表紙デザイン：エガオデザイン
企画・編著：原田　善造・あおい　えむ・今井　はじめ・さくら　りこ・中田　こういち
なむら　じゅん・ほしの　ひかり・堀越　じゅん・みやま　りょう（他４名）
編集担当：中川　瑞枝

発行者：岸本　なおこ
発行所：喜楽研（わかる喜び学ぶ楽しさを創造する教育研究所：略称）
〒604-0827　京都府京都市中京区高倉通二条下ル瓦町 543-1
TEL 075-213-7701　FAX 075-213-7706　HP https://www.kirakuken.co.jp
印刷：株式会社米谷

ISBN：978-4-86277-390-6

Printed in Japan